Érase una vez en EMPRENDILANDIA

Una colección de fábulas positivas para niños sobre el emprendimiento

Érase una vez en
EMPRENDILANDIA

Una colección de fábulas positivas para niños sobre el emprendimiento

Steve Distante

Impreso en los Estados Unidos de América

Publicado por Igniting Souls
PO Box 43, Powell, OH 43065
IgnitingSouls.com

LCCN: 2024927320
ISBN de edición en papel: 978-1-63680-442-2
ISBN de libro electrónico: 978-1-63680-443-9

Disponible en edición en papel, libro electrónico y audiolibro.

Traducido al español por Diana Casòliba.

Dedicatoria

A la próxima generación de creadores, innovadores y personas valientes que toman riesgos, este libro es para ti. Que te inspire a soñar en grande, a pasar a la acción y a convertir tus ideas en algo extraordinario. Recuerda, todo gran emprendedor empieza como un niño con un sueño y el valor para intentarlo.

A mi increíble familia, Heidi, Elizabeth y Quinten, ustedes son mis mayores compañeros en este viaje. Su amor y apoyo son el motor de todo lo que hago.

Y a todos los niños listos para construir su futuro: no esperes permiso, no temas al fracaso y siempre cree en tus ideas. ¡Tu aventura emprendedora comienza ahora! ¡Haz que suceda!

Índice

Introducción

Hola, soy Steve. Escribí este libro para compartir mi experiencia como emprendedor a lo largo de mi vida. Crecer con las características típicas de un emprendedor no siempre fue fácil; a menudo, parecía más un desafío que un don. Tal vez te resulte complicado concentrarte en clase o te frustre seguir reglas a las que no le encuentras ningún sentido. O quizá, cuando alguien te pregunta qué quieres ser de mayor, no encuentras una respuesta clara porque ningún trabajo que conoces parece encajar contigo.

Si algo de esto te suena familiar, no te preocupes; no estás solo. Puede que tengas el gen emprendedor. Aunque a veces puede parecer tanto una bendición como una carga, mi objetivo es mostrarte cómo aprovechar ese espíritu para crear algo extraordinario desde cero.

Creo que el pensamiento emprendedor no tiene límites de edad, y por eso escribí *Emprendilandia para niños*. Esta colección de fábulas relata cómo jóvenes descubren su potencial emprendedor y lo utilizan para transformar el mundo. Espero que estas historias te inspiren a considerar el emprendimiento, no solo como una carrera, sino también como un estilo de vida.

¡Feliz lectura!

Steve Distante

Posdata: Para una gran sorpresa, mira la sección *Conclusión* y descubre más sobre mí.

Capítulo uno

Emprendilandia

Era el Día de las Carreras en la escuela secundaria de Charlie. Él estaba emocionado, no por descubrir todos los diferentes caminos profesionales que podía tomar, sino porque no tenía que estar en clase. Era un chico inteligente, pero no sacaba buenas notas. No importaba lo que hiciera, simplemente no podía concentrarse.

Escuchó a un veterinario, luego a un ingeniero de *software* y después a un carpintero. Todos esos trabajos parecían interesantes, pero ninguno era algo que Charlie quisiera hacer el resto de su vida.

Entonces, el último orador, un hombre alto y confiado con un traje impecable, subió al escenario. Lo presentaron como el señor Pearson, un emprendedor.

—¿Qué es un emprendedor? —preguntó el señor Pearson a los chicos.

La pregunta fue recibida con gestos de duda y miradas de desconcierto.

El señor Pearson se rio.

— La definición técnica de un emprendedor es alguien que asume riesgos mayores al promedio para dirigir su propio negocio. Sin embargo, sé que eso no significa mucho para ustedes. Lo que realmente quiero que entiendan sobre los emprendedores es que somos creadores. Cuando encontramos un problema, no podemos evitar buscar una solución. ¡Los emprendedores tienen el poder de cambiar el mundo!

De nuevo, fue recibido con miradas vacías.

—Ser emprendedor es muy parecido a subirte a una montaña rusa —dijo el señor Pearson mientras caminaba lentamente por el escenario—. Hay alturas emocionantes, caídas aterradoras y momentos en los que sientes que estás saltando de un precipicio.

Eso captó la atención de Charlie. Le fascinaban las montañas rusas; nunca se cansaba de recorrer a toda velocidad sus giros y vueltas, gritar a todo pulmón y luego correr emocionado para subir de nuevo.

El señor Pearson continuó:

—Muchos emprendedores no tienen éxito en la escuela tradicional. No encajamos en el molde porque creemos que las reglas no son para nosotros. Eso no significa que nos volvamos criminales. Solo significa que tenemos que entender esto sobre nosotros mismos y asegurarnos de usarlo para el bien.

Charlie se inclinó hacia adelante, pendiente de cada palabra.

—Incluso hay ciencia detrás de esto —dijo el señor Pearson—. Los emprendedores a menudo tienen una característica genética particular que los predispone a asumir riesgos. Por eso, si alguna vez has sentido que no estás hecho para seguir el mismo camino que los demás, es posible que tengas el llamado *Gen Emprendedor*.

La sala se llenó de susurros mientras los estudiantes intercambiaban comentarios en voz baja. Era evidente que muchos pensaban que este tipo estaba fuera de sus cabales. Sin embargo, el corazón de Charlie latía con fuerza. ¿Tendré yo ese gen?

El señor Pearson sonrió a la multitud.

—Si tienes el Gen Emprendedor, este es tu momento para soñar.

Al finalizar el discurso, Charlie se abrió paso entre la multitud hasta alcanzar al señor Pearson.

—Creo que tengo el Gen Emprendedor —dijo emocionado.

El señor Pearson sonrió y le dio su tarjeta de presentación.

—Me alegra oír eso, muchacho. Búscame dentro de seis o siete años. Por ahora, dedícate a soñar.

* * *

Esa tarde, Charlie estaba sentado en clase, mirando el reloj mientras su profesor seguía hablando sobre geometría. Su mente volvía una y otra vez al discurso del señor Pearson. ¿Y si de verdad tengo ese gen? ¿Qué significaría eso para mí?

Otra voz resonó en la mente de Charlie, como si proviniera de un lugar remoto.

—¡Adelante, entra! —dijo la voz. Parecía más real que una simple imaginación de Charlie.

La voz se hizo un poco más fuerte.

—¡Ven, acércate! ¡Por aquí, hacia la experiencia más emocionante *de tu vida*!

La voz del profesor desapareció por completo. Charlie parpadeó, y de repente, estaba parado frente a un enorme parque de atracciones. El cartel sobre la entrada decía «Emprendilandia». Las puertas se abrieron lentamente.

—¡Pasa, pasa! —gritó de nuevo una voz potente. Al otro lado de las puertas, Charlie vio al señor Pearson de pie detrás de un podio, ahora vestido como un maestro de ceremonias de circo—. ¡Bienvenido a Emprendilandia, un lugar donde todas tus ideas se hacen realidad! Aquí descubrirás lo que te hace sentir realmente vivo.

Cientos de niños irrumpieron en el parque, con los ojos brillando de emoción. El maestro de ceremonias continuó:

—Pero cuidado, solo uno de cada cien logrará llegar a la Sala del Espejo Mágico, donde se revelará su verdadero potencial emprendedor.

Los niños se apresuraron hacia la primera atracción: Tiempo de Fideos. Al entrar, cada niño recibía una tarjeta que decía el nombre de un invento. Con muy poco tiempo para prepararse, tenían que pasar al centro de la sala y convencer a la audiencia, formada por otros niños, de por qué su invento era importante. Si convencían al público, los demás niños presionaban un botón en el lado derecho de sus asientos. Si no los convencían, apretaban un botón en el lado izquierdo, lo que hacía caer una masa de fideos fríos y pegajosos sobre la cabeza del niño. Si les caían los fideos, tenían que salir.

Charlie se unió a la fila y observó cómo otros niños presentaban sus ideas a la audiencia.

Algunos de los inventos eran fáciles: ¡un ordenador portátil! ¡Un detector de humo! ¡Una aplicación para enviar dinero entre amigos! Pero algunos niños tenían dificultades para hacer que sus inventos sonaran interesantes. Aproximadamente la mitad de ellos terminaban llenos de fideos.

Charlie subió al escenario, nervioso. Su tarjeta decía: «Bolsas para almacenar alimentos al vacío». Inmediatamente empezó un apasionado discurso sobre los efectos del desperdicio de alimentos, tanto en el medio ambiente como en el bolsillo de las personas. En menos de un minuto, sonó el timbre: ¡había pasado!

Eso fue demasiado fácil, pensó mientras se alejaba. Pero al mirar a su alrededor, notó que el número de niños había disminuido mucho. *Tal vez no era tan fácil para todos.*

La siguiente atracción era El Salto. Charlie observó cómo avión tras avión se alineaba en la pista, se llenaba de niños y despegaba. Esta atracción era, literalmente, paracaidismo. El estómago de Charlie se revolvió mientras subía al avión. Sus piernas temblaban mientras el avión ascendía más y más, pero recordó las palabras del señor Pearson sobre tomar riesgos.

Los emprendedores toman riesgos, se repitió a sí mismo. *Sí, pero dijo que se sentía como saltar de un avión, no que realmente hubiera que saltar de un avión.*

—¿Estás listo? —le preguntó el guía a su lado.

Charlie no respondió, simplemente saltó. El aire le golpeó la cara y un grito de emoción pura se le escapó. No era miedo, era pura adrenalina. Incluso antes de abrir su paracaídas, ya sabía que quería hacerlo de nuevo.

Tan pronto como sus pies tocaron el suelo, Charlie corrió de nuevo a la entrada, ansioso por lanzarse otra vez, pero la atracción había desaparecido. Otros cuatro niños estaban allí parados, confundidos.

El maestro de ceremonias apareció.

—Ah, ¿quieren lanzarse otra vez? —preguntó.

—¡Sí, por favor! —respondieron los niños.

—Bueno, ese es el verdadero desafío, ¿no? El deseo de saltar otra vez. Ustedes cuatro, síganme.

Charlie y los otros tres niños fueron guiados a una sala luminosa y estéril. Dentro, había cuatro enfermeras con jeringuillas. Un niño retrocedió, pero Charlie y dos más se quedaron. La enfermera le pinchó el dedo con una pequeña aguja.

—¿Esto tiene que ver con el gen? —preguntó Charlie.

—Exactamente —respondió el maestro de ceremonias mientras las enfermeras salían de la sala con las muestras de sangre—. Pero no recibirás los resultados hasta que completes la Sala del Espejo Mágico.

El maestro de ceremonias los llevó hasta una puerta nueva, que emitía un suave resplandor alrededor de los bordes. Antes de entrar, dijo:

—Una última cosa: antes de enfrentarte al espejo, debes alinear tus pasiones. Si no lo haces, el espejo elegirá por ti.

Charlie se detuvo. ¿Alinear mis pasiones? No tengo idea de qué me apasiona, aparte de detestar la escuela.

—Vamos, entra —dijo el maestro de ceremonias, empujando a Charlie al otro lado de la puerta.

Se encontró en una sala circular llena de espejos. Las paredes reflejaban docenas de versiones diferentes de sí mismo, todas mirándolo con la misma expresión. ¿Es… esto?

Charlie saltó arriba y abajo y se rascó la cabeza como un mono. Todos sus reflejos hicieron lo mismo, excepto uno, que permaneció quieto. Charlie dio un paso hacia el reflejo inmóvil y se dio cuenta de que también se veía diferente.

Era él, pero mayor, de unos treinta y tantos años, alto, seguro de sí mismo y con una sonrisa serena.

El Charlie mayor habló:

—Estoy aquí para asegurarme de que te conviertas en mí. Pero todo depende de quién eres ahora, en lo que crees y lo que piensas que es posible.

La mente de Charlie se llenó de docenas de preguntas para su yo del futuro, tantas que no pudo formular ni una sola.

Su yo futuro dijo:

—Sé que tienes muchas preguntas sobre mí, pero ahora se trata de ti. Quiero saber: si pudieras cambiar algo en el mundo, ¿qué sería?

Charlie tartamudeó, sin saber qué responder.

—Yo… supongo que desearía que no hubiera escuela.

Su yo mayor lo miró escéptico.

—No creo que desees que no haya escuela. Tal vez desees que la escuela sea más interesante para ti.

Charlie asintió.

—Sí, tienes razón.

Su yo mayor repitió:

—¿Cómo quieres cambiar el mundo?

Charlie suspiró.

—No lo sé.

—Entonces gírala —dijo su yo mayor, señalando una rueda gigante que apareció de repente. Tenía varios títulos de trabajos escritos en ella: ingeniero, inventor, artista, dueño de un puesto de limonada, explorador espacial, autor, diseñador de videojuegos y cortador de césped.

Charlie dudó, pero giró la rueda.

Por favor, que caiga en ingeniero o inventor, o artista, o explorador espacial, pensó Charlie mientras la rueda giraba rápidamente emitiendo un chasquido a cada paso.

Finalmente, se detuvo en «cortador de césped».

—¿Césped? —gimió Charlie—. ¿Ese es mi futuro? Ya corto césped en verano. No quiero hacer eso para siempre.

—Bueno, tú giraste la rueda —dijo su yo del futuro—. Ahora, ¿qué vas a hacer al respecto?

Charlie guardó silencio, inmerso en sus pensamientos. Se sentía algo molesto, como si lo hubieran llevado por todo este recorrido solo para descubrir que todo era una broma pesada.

—Está bien entonces —dijo, desafiante—. Si tengo que trabajar con césped el resto de mi vida, inventaré un tipo de semilla que no crezca demasiado alto, para que la gente no tenga que perder su tiempo cortando el césped.

Su yo futuro sonrió.

—Bravo, Charlie. Te aseguro que eso es exactamente lo que harás. Crearás un tipo de césped que no necesitará ser cortado jamás. Además, serás propietario de una empresa nacional de cuidado de jardines especializada en paisajismo con flores silvestres y plantas nativas. Tus innovaciones y negocios ayudarán a salvar a las abejas y a reducir las emisiones de CO_2.

Charlie abrió la boca, sorprendido.

—¿De verdad? ¿Cuándo sucederá eso?

De repente, apareció el maestro de ceremonias, con una carpeta en mano que contenía los resultados del análisis de sangre.

—De alguna forma, ya sucedió. Tienes el alelo, Charlie. Tal vez pasen algunos años antes de que el mundo lo vea, pero está en ti.

El corazón de Charlie latía con fuerza al darse cuenta de lo que estaban diciendo. No solo lo estaba imaginando: este era su futuro.

—¿Charlie? —dijo una voz distante—. ¿Charlie?

Charlie parpadeó y se encontró de nuevo en el aula. Su profesor estaba junto a la puerta del salón, listo para apagar las luces.

—El timbre sonó hace más de un minuto.

Charlie miró a su alrededor; el aula estaba vacía. Tomó su mochila y se puso de pie.

—Perdón. Estaba pensando en mi futuro.

Su profesor sonrió.

—¿Y cómo se ve tu futuro?

La cara de Charlie se iluminó.

—Voy a inventar un césped que nunca crezca lo suficiente como para tener que cortarlo.

El profesor se detuvo un momento, luego levantó las cejas.

—Es una *gran* idea, Charlie.

—Gracias. Lo sé —respondió Charlie.

Capítulo dos

Mordisco < Gruñido < Lamida

Acto I: Mordisco

Nicky contuvo la respiración mientras el entrenador de gimnasia metía la mano en la bolsa para sacar el nombre del estudiante que lideraría el Equipo Dorado en el torneo anual de *kickball* de octavo grado. Deseaba que fuera su nombre, pero al mismo tiempo, temía que lo fuera.

—¡Nicky Brown! —leyó el entrenador en voz alta.

Sus compañeros aplaudieron educadamente. Luego, todos se reunieron en grupo mientras Nicky y la líder del Equipo Morado, Emma, comenzaban a elegir a sus jugadores.

Nicky eligió a Sebastián como su primera opción. Él era alto, fuerte y un verdadero atleta. Luego eligió a Juliet, que corría muy rápido. Tras varias rondas de selección junto con Emma, en las que eligieron a seis personas más, solo quedaba Zoë.

Zoë era la chica más tímida de la escuela. Caminó hacia su nuevo equipo con la cabeza gacha, sin mirar a nadie a los ojos. Obviamente, no quería jugar *kickball*, pero no importaba mucho. Solo necesitaban ocho jugadores, y cada equipo tenía diez. Zoë podía quedarse en el banquillo todo el tiempo, y nadie se daría cuenta.

Zoë tenía quince años, dos más que todos los demás. Había perdido dos años de escuela después de un grave accidente de esquí que la dejó en coma. Todos en octavo grado asumían que tenía amigos de su misma edad, pero nadie lo sabía con certeza. Solo sabían que no tenía amigos en la escuela Pigville Middle.

Nicky y su equipo formaron un círculo. Miró a cada uno de los siete jugadores. *Voy a ser el mejor líder de equipo en la historia de este torneo*, pensó.

Después de la escuela, Nicky caminó hasta la secundaria para ver a su hermano Wilder en la práctica de *lacrosse*. Wilder corría a toda velocidad por el campo, manejando su palo de *lacrosse*, esquivando a otros jugadores y, ¡*bam*!, lanzó la pelota directo al arco.

El entrenador sopló el silbato con fuerza.

—¡Wilder! ¡Tuviste treinta oportunidades para pasar la pelota!

Wilder escupió su protector bucal, frunciendo el ceño.

—¿Por qué pasaría la pelota si nadie más va a anotar? —respondió a gritos.

Nicky había oído a Wilder hablarles así a los adultos durante toda su vida. Aunque a veces eso le traía problemas, la mayoría de las veces lograba salirse con la suya. Al fin y al cabo, era el capitán del equipo de *lacrosse*.

De camino a casa después de la práctica, Nicky dijo:

—Me eligieron líder del Equipo Dorado de *kickball*.

—Eso es genial, hermanito —respondió Wilder.

—¿Tienes algún consejo para ser un buen líder de equipo? —preguntó Nicky.

Wilder se rio.

—Tienes que dejar claro que tú mandas.

Al día siguiente, en la práctica de *kickball*, Nicky pensó en lo que Wilder le había dicho. Organizó un ejercicio para que todos corrieran entre conos. Mientras corría, Juliet tiró un cono.

—Ups —dijo, riéndose mientras lo volvía a colocar.

—Hazlo mejor, Juliet —gritó Nicky, con las manos alrededor de la boca.

Ella lo miró entrecerrando los ojos antes de seguir con el ejercicio. Poco después, volvió a tirar un cono.

—¡Juliet! —gritó Nicky—. ¿Qué te pasa?

—Nada —respondió ella—. Solo fue un accidente.

—¡Un accidente que podría hacernos perder un juego! —replicó Nicky.

El resto de los jugadores detuvo el ejercicio y dirigió su mirada a Nicky, con el ceño fruncido. Zoë, que estaba sentada en las gradas leyendo, levantó la mirada de su libro y también se fijó en él.

Nicky decidió que era momento de practicar tiros. Hizo rodar la pelota hacia Sebastián, quien la pateó con todas sus fuerzas. La pelota cruzó el campo, sobrepasó las gradas y quedó fuera del terreno de juego.

—¡PELOTA FUERA! —gritó Nicky.

Sebastián parecía satisfecho consigo mismo.

—No sé por qué sonríes —dijo Nicky, caminando hacia él—. Fue terrible. Si juegas así el viernes, te sacaré del campo.

A Sebastián no le gustó nada. Se acercó a Nicky, mirándolo desde arriba con el rostro lleno de ira.

—¡RENUNCIO! —gritó, dejando escapar gotas de saliva que alcanzaron a Nicky.

Acto seguido, Sebastián salió del campo, furioso, con los puños apretados a los lados.

Nicky, sin inmutarse, dirigió la mirada al resto del equipo.

—Váyanse a casa —dijo con frialdad, y luego se marchó también.

Acto II: Gruñido

Esa noche, durante la cena, Nicky le preguntó a su madre, quien era la directora de operaciones de una enorme corporación, cómo había llegado a ser tan poderosa en su trabajo.

—Espero lo mejor de mí misma, y no espero menos de quienes trabajan para mí —respondió.

Nicky le contó lo que había pasado en la práctica ese día.

—Oh, bueno, no les grites a tus compañeros de equipo. Eso solamente hará que se enfaden contigo —dijo ella.

—¿Y qué haces si alguien no da lo mejor de sí? —preguntó Nicky.

—Lo despido —dijo su madre, riéndose—. Los negocios son los negocios.

Tenía sentido. La madre de Nicky siempre había esperado lo mejor de sus dos hijos. Una nota de A debía ser una A+. Un trofeo de segundo lugar debería haber sido de primer lugar. A veces, Nicky le tenía tanto miedo que no le mostraba sus calificaciones a menos que tuviera todas A.

Al día siguiente, en la práctica, Nicky trató de canalizar la autoridad de su madre en lugar de la de su hermano.

Los otros ocho jugadores se presentaron, con el rostro algo desanimado después de la partida de Sebastián.

—Lamento lo que pasó con Sebastián ayer —dijo Nicky—. Es solo que espero nada menos que perfección de mí mismo, y espero lo mismo de ustedes.

—Pero solo estamos practicando —dijo Juliet.

—Sí, esto es solo práctica —respondió Nicky—. Pero quiero que lo traten como si fuera un juego real. Si dan lo mejor de sí en la práctica, el juego será mucho mejor. ¿Entendido?

El equipo murmuró en señal de acuerdo.

Nicky aplaudió con las manos.

—¡Muy bien, vamos!

Mandó a algunos jugadores a cubrir las bases y envió un lanzamiento de práctica a Booker, quien pateó la pelota alto en el aire. Voló hacia Juliet, que estaba en el campo exterior charlando con otra jugadora.

—¡Juliet! ¡Atrápala! —gritó Nicky, pero ya era demasiado tarde. La pelota cayó al suelo a unos pocos pasos de ella.

—¡Uy, lo siento! —dijo riéndose, y devolvió la pelota rodándola hacia Nicky.

—No, ¿sabes qué? Estás fuera del equipo, Juliet. Ni siquiera estabas prestando atención —gritó Nicky desde el otro lado del campo.

—¿En serio? ¡Solo lánzala otra vez! —dijo Juliet.

—En serio. ¿Crees que solo porque eres rápida no tienes que prestar atención a la pelota? No eres especial. ¡Nos iría mejor sin ti! —dijo Nicky.

Juliet levantó los brazos en el aire y salió del campo furiosa.

—¿Alguien me escuchó cuando dije que teníamos que *dar lo mejor de nosotros*? —gritó Nicky a los demás compañeros de equipo.

El resto de la práctica fue un desastre. Todos tenían tanto miedo de que Nicky los avergonzara que apenas prestaban atención a la pelota; mantenían los ojos fijos en él con temor.

Soy un fracaso, pensó Nicky mientras se alejaba de la práctica.

Esa noche, había un partido de *lacrosse* en la secundaria. La mamá de Nicky lo acompañó. Encontraron un lugar en las gradas.

—¿Cómo te fue en la práctica de *kickball* hoy? —preguntó ella.

Nicky tenía demasiado miedo de decirle cómo había ido realmente, así que puso una sonrisa falsa y respondió:

—¡Genial!

Durante el partido, la mascota de la escuela, un lobo gris, casi robó el protagonismo a los jugadores de *lacrosse*. Cada vez que el equipo anotaba, el lobo hacía una serie de volteretas hacia atrás por el campo, lo que hacía que la multitud se pusiera de pie y aplaudiera. Entre jugadas, bailaba en las líneas laterales y corría de un extremo a otro del campo con la bandera de la escuela ondeando en alto.

Preferiría ser la mascota que un líder de equipo, pensó Nicky. *Probablemente sería divertido usar esa máscara y que nadie supiera que soy yo ahí dentro. Al menos mi trabajo sería inspirar y animar a la gente a divertirse.*

Después del partido, Nicky entró al gimnasio para esperar a Wilder. Para su sorpresa, vio a la mascota sentada en las gradas interiores.

Nicky se acercó al lobo.

—Oye, solo tenía curiosidad. ¿Cómo conseguiste el trabajo de mascota?

El lobo se rio.

—Bueno, pensé que sería buena en esto, así que lo pedí. Fue de gran ayuda que pudiera hacer las volteretas —dijo.

Nicky asintió.

—Pero si quieres ser la mascota cuando llegues a la secundaria, tendrás que aprender a motivar a la gente —añadió el lobo.

—¿Qué? —preguntó Nicky.

El lobo se quitó la cabeza del disfraz. Era Zoë.

Nicky no pudo contener su sorpresa.

—¿Sabes hacer volteretas?

—Sí. Y sé hacer muchas más cosas —respondió Zoë.

—¿Cómo qué? —preguntó Nicky.

Zoë sonrió.

—Soy una muy buena líder.

Nicky no lo podía creer.

—Apenas hablas.

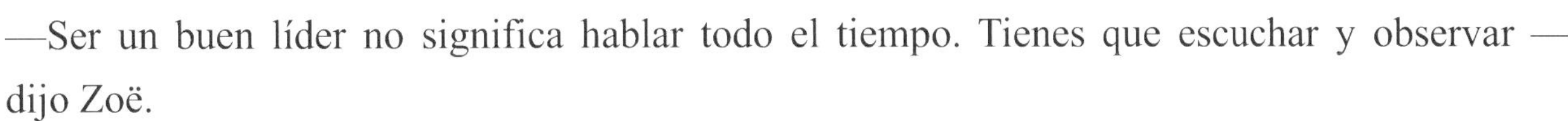

—Ser un buen líder no significa hablar todo el tiempo. Tienes que escuchar y observar —dijo Zoë.

—¿Así que eso es lo que haces cuando te quedas sentada en las gradas durante la práctica de *kickball*? ¿Observar?

—De hecho, sí. Observé cómo intentaste ser un matón y luego exigiste perfección al equipo, y lo único que lograste fue perder a dos de nuestros mejores jugadores —dijo Zoë.

Nicky se encogió de hombros.

—Le pedí consejo a mi hermano y a mi mamá, e hice lo que me dijeron.

—Bueno, me gustaría darte un último consejo, si te parece bien —dijo Zoë.

Nicky aceptó.

—Un buen líder conoce las fortalezas de cada jugador y los pone en la posición correcta. Como Juliet. Es una de las chicas más rápidas de la escuela, pero tiene la capacidad de atención de una mosca de la fruta.

Nicky se rio.

—Entonces no la pongas en el campo exterior. Necesita patear… y correr.

—Juliet ya no está en el equipo —dijo Nicky.

—Llámala y discúlpate. Dile la verdad. Que estabas intentando ser un perfeccionista como tu madre y que no vas a liderar al equipo de esa manera nunca más.

—¿Cómo supiste eso sobre mi madre?

Zoë sonrió.

—Observo.

Nicky se mordió el labio.

—Desearía que mi madre me ayudara con la tarea a veces en lugar de solo decirme que dé lo mejor de mí, sabiendo que cuando dice «lo mejor de mí» se refiere a sacar 100. Eso solo hace que tenga miedo de pedir ayuda.

Zoë asintió.

—Entonces tienes que ser esa persona para tus compañeros. Sé alguien a quien puedan acercarse. Sé alguien que los inspire.

—Eres una persona completamente diferente con ese disfraz de lobo —dijo Nicky.

Zoë se rio.

—Sí, yo también me conozco. No me gusta ser el centro de atención. Pero cuando tengo la oportunidad de divertirme y motivar a la gente en este contexto, me encanta.

—Entonces, no quieres jugar *kickball*, ¿verdad? —preguntó Nicky.

—¿Cómo lo supiste? —rio Zoë.

—Bueno… ¿ese disfraz de lobo es tuyo?

Acto III: Lamida

Llegó el día del partido de *kickball*. Los otros nueve jugadores se presentaron, incluidos Sebastián, Juliet y una mascota de lobo de la secundaria.

Nicky se había disculpado con todos. Les explicó lo que estaba tratando de hacer y admitió que había fallado. Les prometió que los escucharía y tomaría las mejores decisiones para todo el equipo. Las siguientes tres prácticas fueron tranquilas, y Nicky se dio cuenta de que también se estaba divirtiendo mucho más.

El árbitro lanzó una moneda al aire y determinó que el Equipo Dorado patearía primero. Nicky siguió la sugerencia de Zoë y puso a Juliet como la primera en patear. Juliet lanzó la pelota lejos al campo exterior y llegó a tercera base en su primer turno. Zoë hizo volteretas en las líneas laterales para celebrar.

El resto del partido no fue tan fácil y, para la última entrada, estaban empatados 6 a 6.

Nicky lanzó la última pelota, que el pateador del equipo contrario envió por encima de los jugadores. Así, el Equipo Morado se coronó ganador.

Los jugadores de ambos equipos se formaron para darse la mano y chocar las palmas.

—Buen juego, buen juego, buen juego —dijeron todos, pero Nicky lo decía en serio, y sabía que su equipo también.

Nicky sabía que su madre estaba mirando. Sabía que había fallado frente a ella. Pero no estaba tan decepcionado. Se había divertido mucho jugando. Las expectativas de su madre eran problema de ella.

La directora le entregó un trofeo a la líder del Equipo Morado. Nicky aplaudió con entusiasmo para el otro equipo. Zoë levantó los brazos en el aire, animando a los espectadores a silbar y gritar.

La directora tomó el micrófono y dijo:

—Tengo un anuncio que hacer. Hemos decidido otorgar otro premio este año, en la categoría de Mejor Líder de Equipo. Ese premio es para Nicky Brown. Nicky, hemos visto cuánto has evolucionado como líder en solo una semana. Sabemos que llegarás lejos en la vida si sigues liderando con tanta efectividad.

La directora colocó una medalla sobre el cuello de Nicky y le estrechó la mano.

Nicky bajó del podio y cruzó el campo hasta donde estaba Zoë.

—Tú mereces esto más que yo —dijo, empezando a quitarse la medalla del cuello.

—No —respondió ella—. Te la ganaste. Pero gracias. Aprecio el gesto.

—No podría haberlo hecho sin ti —dijo Nicky.

—Tal vez esta vez no —respondió Zoë—. Pero la próxima sí podrás. Y sé que lo harás.

Capítulo tres

Sopa de piedra

Skye Talon, el *skater* más famoso del mundo, frenó en seco y saltó de su patinete, agachándose junto a la cámara.

—¡Hola, *Skye Heads*! ¡Ha llegado la hora de «*Patina por una Buena Causa 2024*»! Esta es tu oportunidad de demostrarle al mundo cómo el *skate* puede marcar la diferencia. Ya sea enseñando a niños de bajos recursos a patinar, lanzando un proyecto comunitario o usando tus habilidades para generar conciencia sobre una causa que te apasione,

¡quiero verlo! Solo haz un video en YouTube sobre tu proyecto y mándalo a sk84good@thundervortex.com. El ganador aparecerá en un episodio de mi serie web, *Thunder Vortex*, donde podrás compartir tu historia con el mundo. Además, los ganadores recibirán $10,000 en efectivo o productos de *skate*. Así que, ¡sé creativo, inspírate y, lo más importante, sal ahí afuera y haz la diferencia! Porque el *skate* no se trata solamente de habilidades increíbles, se trata de comunidad. ¡Quiero ver de qué eres capaz!

El video terminó.

Beck, de quince años, balanceaba su ordenador portátil en las rodillas mientras su hermano menor, Eli, lo miraba con una sonrisa.

—Oye, tengo una idea —dijo Beck—. ¿Conoces ese viejo parque de patinaje en Pueblo Élfico que está completamente abandonado?

—Sí —respondió Eli, levantando las cejas.

—¿Y si lo arreglamos? Incluso podríamos transformarlo en un parque de patinaje de verdad.

Eli frunció el ceño.

—¿En Pueblo Élfico? Ese lugar es un desastre.

—Sí, pero piénsalo bien. Si nuestros amigos empezaran a patinar aquí en lugar de ir hasta Sugarville, incluso podríamos ayudar a su economía.

Eli se encogió de hombros.

—Está bien, vamos a echarle un vistazo.

Los dos hermanos tomaron sus patinetes y se dirigieron al pueblo vecino.

El Pueblo Élfico se encontraba en ruinas. Las contraventanas colgaban desajustadas de las ventanas, las malezas habían tomado la plaza, y los escaparates estaban sellados con tablas.

—¿Alguien siquiera vive aquí? —preguntó Eli.

—Tal vez —respondió Beck mientras una cortina cercana se cerraba de golpe—. Qué miedo.

Siguieron patinando hasta llegar al parque de patinaje. Estaba en ruinas, pero la estructura de un gran parque todavía estaba ahí: barandillas, rampas, una mini-rampa, bordes, escaleras y una enorme curva de concreto. Incluso había una zona plana para que los principiantes practicaran.

Mientras inspeccionaban el parque, un patinete solitario bajó por una rampa y chocó con una barandilla con un golpe seco.

—¿Hola? —dijo Beck.

Una chica de más o menos su edad salió de detrás de la mini-rampa. Llevaba unos pantalones vaqueros sueltos y una camiseta descolorida de Skye Talon. Su patinete parecía muy gastado en comparación con los brillantes y nuevos patinetes de Beck y Eli.

—¿Qué hacen aquí? —preguntó, recogiendo su patinete.

—¿Te gusta Skye Talon? —preguntó Eli.

—¿Gustarme? ¡Estoy obsesionada! —respondió con una sonrisa.

—Estamos pensando en su nuevo concurso *Patina por una buena causa* —explicó Beck—. Pensamos que tal vez podríamos arreglar este lugar.

La chica se rio.

—Buena suerte con eso.

—¿Por qué? —preguntó Beck, curioso.

—¿Intentar que los adultos de Pueblo Egoísta les dejen hacer algo? Eso es un chiste.

Beck levantó una ceja.

—¿Pueblo Egoísta?

Ella se rio.

—Aquí a nadie le importa nada. Soy Melody, por cierto.

Los chicos se presentaron.

—¿Quién es el dueño de este parque, de todos modos? —preguntó Eli.

—Técnicamente, es de mi madre —explicó Melody—. Pero lo abandonó después de que mi papá falleció. No pudo mantenerlo sola.

Eli y Beck miraron a su alrededor. A pesar de la suciedad y las malezas, las principales estructuras de concreto seguían siendo utilizables. Era evidente que Melody también lo creía, ya que estaba allí practicando en ellas.

—¿Realmente necesitamos a los adultos? ¿No podríamos arreglarlo nosotros? —preguntó Beck.

Una voz se escuchó desde atrás.

—Mi padre tenía una ferretería.

Dos adolescentes y un niño más pequeño se acercaron para unirse al grupo.

—Ellos son Jonas y Kyne —presentó Melody, señalando a los adolescentes—, y este es Milo —agregó, señalando al pequeño, que no debía tener más de ocho años.

Jonas asintió.

—Puedo traer herramientas: tornillos, llaves inglesas, lo que necesitemos.

—Mis padres tienen un taller mecánico —dijo Kyne—. Tenemos un soldador ahí que podría arreglar estas barandillas.

Milo intervino:

—No tengo mucho, ¡pero puedo traer bocadillos!

Eli sonrió.

—¡Los bocadillos son esenciales!

—Muy bien, chicos —dijo Beck—. Vayan a casa y traigan cualquier cosa que pueda ayudar: pintura, brochas, escobas, cubetas, clavos, tornillos, sierras... Y Milo, ¡no olvides los bocadillos!

Eli colocó su teléfono en un trípode para grabar un *time-lapse* para YouTube. Mientras esperaban a que todos regresaran, él y Beck comenzaron a limpiar los escombros del parque de patinaje.

Jonas llegó primero con una carretilla llena de herramientas. Inmediatamente comenzaron a quitar una vieja barandilla oxidada.

Luego llegó Melody con un montón de cubetas de pintura y brochas. Empezó a cubrir algunos grafitis.

—Voy a hacer un mural —anunció.

Justo a tiempo para el almuerzo, Milo regresó con unos sándwiches. Estaban a punto de empezar a comer cuando una voz resonó desde el otro lado del parque:

—¡¿Qué está pasando aquí?!

La expresión de Melody cambió por completo.

—Oh no… el alcalde Clint.

El alcalde se acercó rápidamente, con el rostro marcado por una furia evidente.

Beck dio un paso al frente.

—¡Estamos limpiando el parque de patinaje! Pensamos que sería genial volver a ponerlo en funcionamiento

El alcalde Clint frunció el ceño.

—¿Quién les dio derecho a meterse con algo que no les pertenece?

—Solo queríamos ayudar… o sea, pensamos que esto podría ayudar a Pueblo Egoísta—digo, Pueblo Élfico —balbuceó Beck, explicando el concurso y la inspiración de Skye Talon.

El alcalde puso los ojos en blanco.

—No me importa quién está organizando un concurso. No quiero un montón de niños corriendo como locos y causando problemas.

Beck se contuvo para no reírse.

—No hay nada que robar, alcalde Clint. Todas las tiendas están cerradas. Si la gente viniera aquí a patinar, tal vez hasta gastarían dinero.

Las venas del cuello del alcalde se hincharon mientras se preparaba para gritar de nuevo, pero fue interrumpido por un jadeo detrás de él.

Una mujer estaba allí, con los ojos abiertos de par en par, mirando el mural en la mini-rampa. Era un hombre con un patinete colgado sobre el hombro.

—¡Mamá! —gritó Melody, saliendo de la pista.

La madre de Melody lo observó todo, con los ojos llenos de lágrimas.

—A tu papá le habría encantado esto. Él y Skye Talon tenían la misma edad. Siguió la carrera de Skye toda su vida.

Melody miró a su madre con esperanza.

—¿Podemos seguir?

Su madre dirigió una mirada firme al alcalde Clint.

—Creo que es hora de que devolvamos algo de vida a este lugar.

Luego, dirigiéndose a los niños, dijo:

—Reúnan a sus padres. Es hora de que este pueblo trabaje en equipo.

Los mecánicos soldaron las barandillas, los pintores pintaron las rampas y los reparadores aseguraron nuevos patinetes. Incluso los curiosos ayudaron, barriendo escombros o repartiendo agua. El alcalde Clint observaba desde lejos, con los brazos cruzados sobre el pecho.

Al atardecer, el Parque de Patinaje de Pueblo Élfico parecía nuevo, vibrante bajo el cielo que se oscurecía. Los niños tomaron sus patienetes, haciendo *ollies*, deslizándose por las barandillas y turnándose para lanzarse en la mini-rampa.

Cuando cayó la noche, Eli detuvo la grabación en cámara rápida.

* * *

—¡Hola, Skye Heads! ¡Los ganadores de *Patina por una buena causa 2024* son… Beck y Eli Gilbert de Pigville, Indiana! Estos dos hermanos transformaron por completo un parque de patinaje con la colaboración de la comunidad local. Limpiaron el espacio, repararon las barandillas, pintaron nuevos diseños e incluso rindieron homenaje al dueño original con un mural. ¡Gracias a su esfuerzo, Pueblo Élfico ahora cuenta nuevamente con un parque de patinaje lleno de vida!

La voz de Skye narraba las imágenes en cámara rápida de Eli sobre la restauración del parque.

—¡Y ahora, vamos en vivo a Pueblo Élfico, donde Beck y Eli están a punto de abrir el parque por primera vez en años!

Frente a una multitud de niños, padres y *skaters* emocionados, Beck y Eli contaron en voz alta:

—¡TRES… DOS… UNO!

Abrieron las puertas de par en par y la multitud se precipitó hacia adentro.

Los habitantes del pueblo habían colaborado para preparar el gran día: los padres de Milo atendían el puesto de bocadillos, Jonas y su hermana se encargaban de la música como DJs, y

Melody vendía boletos en la taquilla. Incluso Skye Talon había abastecido la nueva tienda de patinaje del parque.

Con el sonido de las ruedas deslizándose por las barandillas, los patinetes chocando con el concreto y los vítores de la multitud, Pueblo Élfico renació. Desde la ventana de su oficina en el Ayuntamiento, el alcalde Clint observaba el bullicioso parque y, por primera vez en años, sonrió.

Capítulo cuatro

Sin tensión

¿No sería genial si…?

Oh no. Ya empezó. Les prometí a mis padres que intentaría concentrarme en clase. Soy lo suficientemente inteligente como para estar repitiendo octavo grado. Pero en el momento en que mi profesora empieza a escribir números en la pizarra, mi mente se desconecta.

¿No sería genial si…?

La semana pasada, esto terminó con un montón de abejas sueltas en la cafetería. Es una larga historia.

¿No sería genial si… las escuelas fueran como parques de diversiones, donde cada materia fuera un juego diferente?

Pero hoy no estoy en un parque de diversiones, igual que no lo estaba ayer. Estoy en la clase de preálgebra de la señora Thompson.

¿No sería genial si ese parque de diversiones te ayudara a descubrir qué quieres ser cuando seas grande, para que puedas empezar a aprender lo que realmente necesitas para lograrlo?

No puedo evitarlo. Mi cerebro está programado para pensar en otras cosas. Cosas interesantes. ¿Útiles? No siempre. Pero ¿no sería genial si la escuela tuviera túneles secretos debajo y nosotros…?

—¿Charlie? —la voz de la señora Thompson interrumpe mi ensoñación.

—Presente —digo, y de inmediato me doy cuenta de que llevamos más de una hora de clase. No estaba pasando lista.

—Te pedí que vinieras aquí a resolver el problema en la pizarra —dice, extendiéndome un marcador.

Me levanto lentamente y camino hacia la pizarra. No sé cómo resolver el problema. En su lugar, dibujo un cerdo fumando un cigarrillo. El aula estalla en carcajadas.

Me llevan a dirección. Otra vez.

Son los mismos chicos de siempre, los mismos de la vez pasada y la anterior, en la dirección. Chris hace trampa en todo, desde la tarea hasta las presentaciones y los exámenes. Ava se salta más clases de las que asiste, y Wyatt es un abusón. Somos los chicos problemáticos, los que no siguen las reglas. Pero no me siento orgulloso de eso.

* * *

Estoy en mi entrada de la casa, encestando tiros de baloncesto, tratando de no pensar en el castigo, cuando veo a mi vecino, Taylor. Es dos años mayor que yo, ahora está en segundo de secundaria. Solía estar castigado en la dirección del colegio todo el tiempo cuando era más pequeño.

Taylor se acerca y toma la pelota.

—¿Cómo va todo, Charlie? —pregunta.

Suspiro.

—Dirección. Otra vez. Es como si no pudiera evitarlo.

Él se ríe.

—Mira, yo solía ser igual que tú. No podía quedarme quieto, no podía concentrarme. Pero ya hace un tiempo que no me envían a dirección.

—¿De verdad? ¿Cómo lo hiciste?

—Siempre envían a las mismas personas, ¿verdad? Los reincidentes, una y otra vez. Empecé a observarlos, preguntándome qué teníamos en común. Y me di cuenta de que las personas en la sala de castigos son todas aventureras, pero enfocan su energía en los lugares equivocados. Yo era igual. No soy un mal chico; simplemente no puedo quedarme quieto. Así que encontré una manera de canalizar mi energía en cosas que no requieren estar sentado todo el día.

—Pero no tenemos poder sobre cómo funciona la escuela —digo—. Tenemos que quedarnos quietos.

—Eso es lo que tú crees —dice Taylor, sonriendo—. Hablé con la consejera de la escuela, y ella me ayudó a crear un horario que funciona para mí. Por la mañana, tomo solo dos clases, y por la tarde hago algo llamado «*Sin tensión*». Es un programa donde trabajo en proyectos que coinciden con mis fortalezas, en lugar de simplemente quedarme sentado en clase todo el día.

—¿Qué tipo de proyectos? —pregunto, intrigado.

—Ahora mismo estamos trabajando en expandir el programa *Sin tensión*. Estamos usando inteligencia artificial para crear un plan de estudios personalizado para cada estudiante. Es bastante genial.

—Esta mañana estaba imaginando un parque de diversiones que fuera como una serie de pruebas para descubrir lo que realmente quieres ser cuando crezcas. Después, solo tendrías que estudiar esas cosas en la escuela —dije, quizá con demasiada emoción.

Taylor se ríe.

—¿Ves? Tu fortaleza es la creatividad, pero la estás desperdiciando en soñar despierto o meterte en problemas. ¿Qué pasaría si la utilizaras para algo positivo? Por ejemplo, la idea de *Sin tensión*; alguien la imaginó primero y luego la hizo realidad, ¿lo sabías?

Al día siguiente, fui nervioso a la oficina de la consejera escolar y le expliqué lo que Taylor me había contado sobre *Sin tensión*. La consejera me escucha con atención, asintiendo mientras hablo.

—Parece que realmente podría ayudarnos, tanto a mí como a otros chicos que estamos siempre castigados, a canalizar nuestra energía de forma positiva.

La consejera inclina la cabeza, como un perro que escucha un sonido agudo por primera vez. En mi mente, sus rizos empiezan a convertirse en orejas de *spaniel*... ¡No! ¡Basta ya!, me digo.

—Prometo que no estoy solamente tratando de saltarme las clases. De verdad me gusta aprender —le digo.

La consejera sonríe.

—Creo que es una gran idea, Charlie. Déjame hablar con la consejera de la secundaria y con el director. Vamos a ver qué podemos hacer.

Salgo de su oficina sintiéndome esperanzado por primera vez en mucho tiempo.

Más tarde esa semana, volví a estar castigado con el mismo grupo de siempre. Pero esta vez, algo era diferente. Miré a los otros chicos y me di cuenta de que no solo eran problemáticos.

Por ejemplo, Chris… sí, está mal hacer trampa, pero se necesita cierto nivel de habilidad para lograrlo, y él lo logra de vez en cuando. ¿Y si pudiera usar esa parte de sí mismo, la que siempre busca trabajar de manera más inteligente, no más difícil, para hacer algo que valga la pena?

Y Ava no puede dejar de saltarse clases, probablemente porque, como yo, se aburre mucho ahí dentro. ¿Qué pasaría si encontrara una manera de hacer que lo que está aprendiendo sea tan interesante como lo que encuentra fuera de la escuela?

Wyatt tiende a intimidar a los demás, pero en el fondo sé que está tan herido como los chicos a los que termina lastimando. Tiene un hermano menor con necesidades especiales. Parte de mí se pregunta si Wyatt actúa así para poder controlar a las personas y evitar que se burlen de su hermano. No es una mala persona en absoluto, solo está canalizando su energía en la dirección equivocada. Cuando suena el timbre, me quedo un poco más y le pregunto al profesor de la sala de castigos:

—¿Alguna vez ha notado lo inteligentes que son los chicos que vienen aquí?

Él me mira, sorprendido.

—A veces lo pienso. Es una pena que no se porten mejor.

Asiento.

—Tal vez estamos enfocándonos en las cosas equivocadas. Hay un programa en la secundaria que se llama *Sin tensión*…

La semana siguiente, la consejera escolar entró a nuestra sala de castigos. Me invita a pasar al frente del aula.

—Muy bien, todos —digo—, quiero que saquen una hoja de papel y escriban por qué están castigados y cuál creen que es su mayor fortaleza.

Los tres levantan las cejas, pero poco a poco empiezan a escribir. Cuando terminan, la consejera les pide que lean sus respuestas en voz alta.

Chris dice que está ahí por hacer trampa, y que su fortaleza es ser perezoso. Ava dice que está castigada por saltarse clases, y que su fortaleza es escabullirse. Wyatt dice que es un matón, y que es genial descubriendo lo peor de las personas.

—Bueno… —digo—. Odio decirlo, pero esas no son fortalezas. Sin embargo, estoy convencido de que ustedes tres son los chicos más inteligentes de esta escuela, y conseguí que la junta escolar votara para que tengamos un horario especial si encontramos una manera de trabajar juntos para beneficiar a la escuela.

—¿Qué? —dice Chris.

—Por ejemplo, mi fortaleza es soñar. Siempre estoy soñando despierto, y a veces eso me mete en problemas. Pero otras veces, esos sueños me llevan a tener ideas realmente buenas. O, en este caso, aprendí algo de otro chico que también sueña despierto como yo. Se llama *Sin tensión*. Lo están haciendo en la secundaria, y tenemos permiso para hacerlo aquí.

—¿Y qué, tenemos que hacer algo bueno para la escuela? —dice Chris—. No quiero hacer eso.

—¿Preferirías quedarte aquí sentado todas las semanas sin hacer nada? Tenemos la oportunidad de hacer algo interesante. Así que, Chris, en lugar de decir que eres perezoso, podrías decir que eres bueno para encontrar el camino más fácil para lograr algo. Y Ava, cuando estás en el lugar equivocado, podrías usar esa habilidad para llevarte a ti misma a un lugar mejor. Y Wyatt, si puedes descubrir lo peor de alguien, eso en realidad no es algo malo. No tienes que ser cruel. Podrías usarlo para ayudar a las personas a entender sus fortalezas y debilidades, y ayudarlas a descubrir qué deberían y qué no deberían estar haciendo con sus vidas. Si fueran adultos, todas estas partes de sus personalidades serían consideradas atributos. Ahora no lo son porque son niños.

Chris, Ava y Wyatt me miran, pero puedo decir que dije algo que resonó con ellos.

Continúo.

—Todos ustedes son inteligentes. Simplemente no están usando sus fortalezas de la manera correcta. De eso se trata *Sin tensión*: encontrar una mejor manera de canalizar tu energía. Hemos estado usando nuestra energía de forma negativa, pero si aprendemos a redirigirla de manera positiva, podría hacer que nuestra experiencia en la escuela sea mucho mejor.

La consejera explica que el programa está diseñado para ayudarnos a identificar y aprovechar nuestras fortalezas, en lugar de limitarnos a castigarnos por no encajar en el molde tradicional. A partir de ahora, la sala de castigos deja de ser un lugar donde simplemente cumplimos sanciones; se convierte en un espacio para descubrir nuestras habilidades y utilizarlas para mejorar la escuela.

De repente, todos quieren estar en *Sin tensión*. Hay una lista de espera para entrar. Es el único lugar donde los chicos no se sienten mediocres. Es donde hablamos, resolvemos problemas y trabajamos juntos en proyectos que importan. Si estás en el programa, solo tienes que ir a dos clases por la mañana, y toda la tarde es aprendizaje aplicado.

Chris siempre pensó que era perezoso porque no quería estudiar para los exámenes. Pero no es perezoso en absoluto. Simplemente no ve el sentido de estudiar por memorizar. Chris es un delegado fantástico. Está supervisando el equipo que recauda fondos para arreglar el equipo deportivo roto de nuestra escuela. Cuando Chris entiende el resultado general de un proyecto, se involucra al cien por ciento.

Ava está a cargo de los mejores pintores de la escuela para crear un hermoso mural de flores silvestres nativas en la pared trasera del colegio. Cuando está pintando y pasando tiempo con otros chicos creativos, no siente el deseo de escapar.

Wyatt es excelente para identificar las fortalezas y debilidades de las personas. Actualmente lidera un programa de mentoría para estudiantes más jóvenes, en el que los empareja con estudiantes mayores que los guiarán y apoyarán a lo largo de toda la secundaria. Tiene un gran talento para crear combinaciones entre personas que realmente pueden aportarse algo valioso mutuamente.

Un grupo de estudiantes apasionados por las matemáticas ha realizado cálculos y demostrado que nuestro sistema escolar tiene el porcentaje más alto de asistencia tanto durante el horario escolar como en los programas extracurriculares, además de contar con las calificaciones más altas del estado. Todo esto comenzó tras la implementación del programa «*Sin Tensión*».

En cuanto a mí, puedo soñar despierto todo lo que quiera, y no me meten en problemas por eso.

Capítulo cinco

Cazador de quién

El avatar pixelado de lobo de Stella patrullaba el perímetro de Stellarton. Stella había construido esa ciudad píxel por píxel en el popular juego en línea *Cazador de quién*. Hace apenas un mes, era un terreno vacío. Stella había construido casas y tiendas, plantado cultivos y logrado que los habitantes se establecieran en Stellarton.

Para avanzar al siguiente nivel, tenías que gestionar una amenaza. La amenaza del Nivel 1 era una plaga de ratas. Las ratas devoraban las reservas de maíz y trigo de Stellarton, propagaban enfermedades y roían los techos de paja de los edificios, que eran costosos de reparar.

En la barra de estadísticas, el número de ratas crecía constantemente, cada vez más rápido. 20. 25. 30. 45.

Algo llamó la atención en la esquina inferior de la pantalla: una rata devoraba una mazorca directamente de la planta. Stella giró al lobo pixelado hacia la rata y logró ahuyentarla. Sin embargo, al retomar su patrullaje, encontró tres ratas más en el lugar donde había visto la primera. Para colmo, la barra de estadísticas ahora mostraba que había un total de 60 ratas.

Stella fue al menú donde podía hacer compras para la ciudad. Había acumulado 108 monedas de oro vendiendo casas y cultivos. Recorrió las opciones del menú. Había suministros médicos, materiales de construcción y opciones de entretenimiento. Entonces vio la opción «gatos». La descripción bajo la imagen giratoria de un gato gris atigrado decía: *Excelentes para compañía, juego, creatividad, acurrucarse, armonizar el carácter y controlar plagas.*

El gato de Stella, Buffy, estaba acurrucado al pie de su cama. Los gatos eran el animal favorito de Stella.

Cada gato costaba cuatro monedas. Stella rápidamente compró diez gatos por 40 monedas. Eso redujo su total a 68 monedas, pero seguramente ganaría mucho más dinero ahora que las ratas no usarían los silos de maíz como bufets ilimitados.

Los gatos se desplegaron por todo Stellarton. Stella notó en la barra de estadísticas cómo el número de ratas, que aumentaba rápidamente, comenzó a desacelerarse. Después de unos días en *Cazador de quién* (equivalente a una hora para un jugador), el número de ratas disminuyó ligeramente. Sin embargo, finalmente se estabilizó en 60.

Stella estaba confundida. ¿No estaban los gatos atrapando a las ratas?

Patrulló la ciudad nuevamente, navegando su avatar de lobo por las calles adoquinadas. Vio a un hombre pixelado con un bigote manillar. Era uno de los primeros residentes de Stellarton.

—Hola, Conway62812, ¿cómo estás? —escribió Stella.

Un globo de diálogo apareció sobre Conway62812.

—Todo está bien, alcaldesa Stella. Estoy ocupado vendiendo leña cortada. Y tengo un gato nuevo.

Un gato gris atigrado se unió a Conway62812 en la puerta. Un globo de diálogo apareció sobre el gato:

—Miau.

Stella escribió:

—Compré estos gatos para librar a Stellarton de las ratas, pero no están haciendo un buen trabajo.

—Hoy atrapé una rata. Estaba royendo un agujero en mi techo —anunció el globo de diálogo de Conway62812.

Stella miró la barra de estadísticas. Cuatro ratas nuevas se habían añadido durante su conversación con Conway62812.

—Una rata no es suficiente —escribió.

El globo del gato dijo:

—Miau.

Stella se despidió de Conway62812 y continuó su recorrido. Habló con varios otros habitantes, quienes mencionaron que todos habían adoptado un gato esa semana. La buena noticia era que el medidor de felicidad general de la población estaba en su punto más alto. Sin embargo, la cantidad de ratas seguía aumentando. Stella podía gastar otras 40 monedas en más gatos, pero eso la dejaría con solo 28 monedas y, con suerte, solamente le daría unos cuantos días adicionales de progreso en *Cazador de quién*.

Stella observó horrorizada cómo la población de ratas subía y subía. Ahora era de más de 200. Luego, el medidor de felicidad también comenzó a bajar, ya que los habitantes perdían dinero porque sus cultivos se agotaban.

—¡Ugh! —gritó Stella, pausando el juego. Tiró el control remoto al otro lado de la habitación y se tiró en su cama—. ¡Esto es estúpido!

—Stella, no digas «estúpido» —dijo su padre desde la puerta.

—Compré todos estos gatos para cazar ratas, pero ahora los habitantes los adoptan como mascotas y ya no hacen su trabajo —se quejó Stella, frunciendo el ceño.

Miró a Buffy y añadió:

—¡Pensé que serías buena cazando ratas!

—No entiendo nada de eso —respondió su papá—. Tienes que salir un rato. Has estado jugando demasiados videojuegos.

Stella se frotó los ojos y miró por la ventana de su habitación. Estaba anocheciendo. Le dijo a su padre que saldría al jardín.

Se sentó en los escalones traseros y observó cómo las primeras luciérnagas empezaban a brillar en la penumbra.

El aire era cálido y húmedo. El cielo tenía un azul profundo, y las nubes eran todavía más oscuras. Había algo mágico en ese momento del día. Stella relajó los ojos. Había jugado demasiados videojuegos, pero sabía que lo hacía porque el mundo real le generaba mucha ansiedad. Al menos, si eras un perdedor en un mundo simulado, nadie más lo presenciaba.

Escuchó un crujido proveniente del gran árbol en la esquina del patio. Levantó la mirada hacia las ramas y vio un magnífico búho.

—¡Guau! —dijo, acercándose más.

—Buenas noches —dijo el búho.

—¿Qué? ¿Puedes hablar? —preguntó Stella.

—Claro —respondió el búho.

—¿Qué más puedes hacer? —preguntó Stella.

—Oh, ya sabes. Puedo volar completamente en silencio, girar mi cabeza 270 grados y ver en la oscuridad… cosas así —dijo el búho.

—Eso es bastante extraordinario —dijo Stella.

—¿Y tú? ¿En qué eres buena? —preguntó el búho.

—Soy buena en la escuela y en los videojuegos. Pero ahora estoy jugando a *Cazador de quién*, y acabo de gastar un montón de monedas de oro comprando gatos para cazar ratas... ¡y no están haciendo su trabajo!

—Los gatos piensan que son los amos del control de plagas, pero en realidad solo quieren que los consientan —comentó el búho, parpadeando lentamente con sus enormes ojos—. Parece que necesitas un hoo hoo hoo hooooo.

—¿Un qué?

—Un hoo-hoo-hoo.

Stella suspiró.

—No te entiendo.

—Da igual —dijo el búho—. Tienes un rol que cumplir. No puedes simplemente elegir a alguien porque más o menos encaja en la descripción. Necesitas a alguien que pueda cazar ratas pero que no quiera vivir en una casa con personas. Necesitas a alguien con habilidades únicas. Como alguien que pueda volar en silencio, girar su cabeza 270 grados y ver en la oscuridad.

Stella miró al búho.

—Entonces, ¿quieres decir… un búho?

—¿Hay búhos en el videojuego?

—No lo creo —dijo Stella—. Al menos, no que puedas comprar con monedas de oro.

El búho chasqueó su pico.

—No esperaba que pudieras comprar un búho.

Stella pensó en eso. Tal vez había un truco. Quizás eso era lo que te hacía pasar al siguiente nivel de *Cazador de quién*.

—¡Voy a ver si hay búhos!

—Espera unos minutos, Stella —dijo el búho—. Las estrellas están saliendo. Sé que a menudo sientes que el mundo se te viene encima, pero quiero que mires hacia arriba y veas lo grande que es. Tu nombre significa «estrella», ¿verdad?

—Sí, así es —respondió Stella. Hizo lo que el búho le dijo y miró al cielo estrellado. Tenía razón. Respiró profundamente. Se sentía bien enfocar su mirada en algo que no fuera una pantalla. Toda la ansiedad y el nerviosismo que había cargado durante el día parecían derretirse.

—Muy bien, Stella. Ve a ganar tu juego —dijo el búho y voló en completo silencio.

—Guau, ¿viste a ese búho? —su padre estaba asomado por la puerta trasera que daba al jardín.

—Sí —dijo Stella, corriendo hacia él—. ¡Me dio la mejor idea!

De regreso en el juego, el avatar de lobo de Stella recorrió el centro de Stellarton. Continuó hasta el límite del bosque, donde esperó a que cayera la noche. Caminó a lo largo de la línea de árboles, observando el entorno con atención, hasta que, de repente, la figura fantasmal de un búho apareció ante ella.

Stella giró a su lobo hacia el búho. El juego le dio dos opciones:

Seguir caminando

o

Hablar con el búho.

Eligió hablar con él.

El juego le dio dos opciones más:

Ofrecerle un trabajo al búho

o

Gastar el resto de las monedas de oro en gatos.

Le ofreció un trabajo al búho.

La pantalla se volvió completamente blanca y luego pasó a negro absoluto. Por un momento, Stella pensó que el juego se había colgado. Pero entonces, unas palabras comenzaron a aparecer en la pantalla:

Nivel dos desbloqueado.

Capítulo seis

Es un sueño maravilloso

A mi madre siempre le inquietó cómo parecía saber cosas sin que me las dijeran. A veces lo siento como una maldición; otras, como una bendición. Los adultos suelen ocultar ciertas cosas a los niños, y entiendo por qué. Pero cuando algo no va bien, casi siempre lo percibo, incluso si nadie me lo dice.

Ahora mismo, sé que algo anda mal con mi madre, y estoy convencida de que tiene que ver con su negocio.

Me llamo Elizabeth y tengo doce años. Hasta hace poco, mi familia y yo vivíamos en la ciudad de Nueva York, un lugar que nunca me gustó. Para mí, era una tormenta constante de estímulos: gente corriendo de un lado a otro, autos tocando el claxon y personas gritándose en las calles. Esa incomodidad fue una de las razones por las que decidimos mudarnos a Georgia, a una granja de árboles. Aquí me siento mucho más a gusto, pero no puedo evitar preocuparme porque mi madre no comparte ese sentimiento.

Nuestra granja no cultiva cualquier tipo de árbol; cultivamos el *Esplendor de la Emperatriz*, conocido como el árbol del futuro. Estos árboles crecen a una velocidad impresionante. En tan solo diez años, pueden alcanzar hasta sesenta pies de altura. La mayoría de los árboles de madera dura tardan más de 100 años en alcanzar ese tamaño. Esto significa que cosechar este tipo de árboles y replantarlos rápidamente no perjudica al medio ambiente. Además, absorben más dióxido de carbono del aire que otros árboles, ayudando a combatir el cambio climático. Su madera es liviana, lo que reduce significativamente la energía necesaria para transportarla en comparación con otras maderas duras. Mamá dice que, en 20 años, cada casa nueva en los Estados Unidos estará construida con este tipo de madera, y que esto tendrá un impacto drástico en la reducción de la contaminación.

Mi papá es quien dirige la granja. Pasa la mayor parte del tiempo en los campos, revisando los árboles, podándolos y regándolos. A veces lo observo desde lejos, con la mano apoyada en el tronco de un árbol, casi como si estuviera conversando con él. Si todavía viviéramos en Nueva York, probablemente me habría sentido avergonzada por algo así. Pero aquí, en la tranquilidad de este lugar, simplemente me parece algo hermoso.

Mi madre es quien dirige la empresa encargada de vender los árboles. Fue idea suya empezar esta granja, aunque sé que está enfrentando muchas dificultades. Estoy convencida de que su empresa puede cambiar el mundo, pero no estoy segura de que ella siga creyéndolo.

Una tarde, mientras estábamos sentados en la terraza después de cenar, una abeja se posó en mi brazo. Me acerqué para observarla. Se pasó las patas por las alas y pareció mirarme durante unos segundos antes de echar a volar.

Mamá se rio.

—¿Qué es tan gracioso? —le pregunté.

—Cuando era niña, eso me habría aterrorizado.

—¿Por qué? No tenía ninguna razón para picarme.

—Cuando tenía tu edad, me aterraban las abejas asesinas.

—¿Qué es una abeja asesina?

—Buena pregunta. Solo lo escuchaba en las noticias y me asustaba tanto que no podía salir sin preocuparme de que me atacaran.

Papá se rio.

—Todos teníamos miedo de las abejas asesinas en esa época.

—¿Tú también? —le pregunté a papá.

—Sí. Y de las arenas movedizas —respondió entre risas.

—¿Solo tenían miedo de cosas que probablemente nunca les pasarían?

Mis padres se miraron entre ellos.

—Tal vez —respondió mamá.

—Creo que casi todo lo que nos preocupa, en realidad, nunca llega a suceder —dije.

—¿De dónde sacamos una hija tan sabia? —dijo papá sonriendo.

Mamá se encogió de hombros.

—Me lo pregunto todo el tiempo.

—¿Y ahora es diferente? —pregunté—. ¿Todavía tienen miedo de cosas que probablemente nunca pasarán?

—Bueno —respondió papá—, no estoy seguro. Antes tenía miedo de caerme de una escalera y romperme el cuello. Probablemente nunca habría ocurrido.

Mamá lo empujó suavemente en el hombro con una sonrisa antes de mirarme.

—Me preocupaba mucho por cosas que tal vez nunca pasarían.

Antes de mudarnos aquí, tenía pesadillas constantemente. En mis sueños ocurrían cosas terribles: incendios, inundaciones, terremotos. Me despertaba empapada en sudor frío, convencida de que el mundo se estaba acabando. Desde que nos mudamos a la granja y comenzamos a pasar tanto tiempo rodeados de árboles, me he sentido mucho más tranquila; sin embargo, todavía siento más miedo del que me gustaría aceptar.

Me desperté en medio de la noche y caminé hacia la cocina para buscar un vaso de agua. Era tarde. La casa estaba en silencio. Encontré a mamá sentada en la mesa de la cocina, mirando unos papeles que tenía delante sobre la mesa.

—¿Mamá? —dije suavemente—. ¿Qué pasa?

Ella levantó la mirada hacia mí, con miedo en los ojos.

—Sé que algo está mal. Por favor, sé honesta conmigo.

Mamá cerró los ojos y respiró profundamente.

—Elizabeth —susurró—, el banco está a punto de embargarnos.

No. No podíamos perder la granja. Sabía que algo estaba mal, pero no me había dado cuenta de que era tan grave.

—¿Qué son esos papeles? —pregunté, señalando el montón de papeles que tenía delante.

Ella los deslizó hacia mí.

—Es una solicitud para un congreso de presentaciones a inversores, donde la gente busca financiamiento para sus proyectos. Ni siquiera recuerdo haber enviado esta solicitud. Estoy tratando de decidir si debo ir o no. El congreso es mañana, y no he preparado una presentación... pero es nuestra última oportunidad.

—Entonces tienes que ir.

—¿Qué se supone que debo decir, «*he fracasado por completo, por favor, ayúdenme*»? —Mamá se llevó las manos a la cara y suspiró profundamente—. Al final, no me quedará más remedio que aceptar otro trabajo corporativo en la ciudad. Me llegan ofertas todas las semanas. Lamento haberte hecho cambiar de vida dos veces.

Miré los papeles y luego la miré a ella.

—Mamá, ¿puedes venir a soñar conmigo?

Ella parecía confundida.

—¿Qué quieres decir?

—Lo que acabas de escuchar —respondí, tomando su mano—. Ven a soñar conmigo.

Tenía la sensación de que, si podía mostrarle cómo iba a cambiar el mundo, ella podría lograrlo. Mamá y yo fuimos a mi habitación y nos acostamos juntas, de la mano como solíamos hacerlo cuando yo era pequeña. La luz de la luna se colaba por la ventana, bañándonos con un suave resplandor. Sabía que mamá estaba agotada. Se dormiría rápido, siempre que lograra dejar de preocuparse.

Le apreté la mano con suavidad, marcando un ritmo constante, un apretón por segundo. Sentí que era la manera perfecta de mantener su atención conmigo y alejarla de sus preocupaciones. Poco a poco, ambas nos quedamos dormidas.

Mamá y yo caminábamos por un mundo que parecía familiar, pero algo no estaba bien. El cielo era gris, el aire pesado. Pasábamos junto a campos vacíos, secos y agrietados. Los árboles que bordeaban los caminos estaban marchitos y muertos.

—¿Dónde estamos? —preguntó mamá.

Un relámpago cayó del cielo y golpeó uno de los árboles secos. El árbol se incendió, y el fuego se extendió desde la copa hasta el tronco.

—Este es un mundo sin los árboles *Esplendor de la Emperatriz* —dije—. Está muy seco.

El fuego avanzaba por el pasto seco e incendiaba otros árboles.

—Vamos a buscar ayuda —dijo mamá.

Buscamos a alguien que pudiera ayudarnos, pero solo pasábamos frente a casas derrumbadas, vacías, sin un alma adentro. El fuego seguía creciendo detrás de nosotras. Corriendo, llegamos al río para intentar saltar al agua, pero el lecho del río estaba seco.

Mamá me miró con una expresión de pánico. Le sostuve la mano con fuerza y cerré los ojos, sabiendo que era el momento de mostrarle algo diferente.

De repente, el mundo a nuestro alrededor cambió. El fuego retrocedió, el cielo se iluminó y el aire se volvió claro. Los campos áridos se transformaron en paisajes verdes y exuberantes. Los árboles que bordeaban el camino se alzaban altos y fuertes, con sus hojas brillando bajo la luz del sol. Eran Esplendores de la Emperatriz.

El río fluía con agua limpia. Una trucha saltó fuera del agua y volvió a caer, salpicando pequeñas gotas cristalinas. Mamá y yo caminábamos por el sendero, mientras los niños jugaban bajo la calidez de la tarde.

Las casas por las que pasábamos estaban llenas de personas sonrientes.

Mamá señaló una casa bonita cercana.

—Esa es madera de Esplendor de la Emperatriz —dijo, sonriendo.

—Todas son de Esplendor de la Emperatriz —respondí—. Todos construyeron sus casas con esa madera, y ahora estas casas durarán por generaciones. Y no contaminaron el planeta. Lo ayudaron. Los árboles limpiaron el aire.

Mamá miró a su alrededor, con los ojos llenos de lágrimas.

A la mañana siguiente, me desperté y fui a la cocina para servirme un plato de cereal. Mientras comía, mamá entró, vestida con un traje de negocios. Se veía segura y concentrada.

—¿Entonces vas a ir? —pregunté, aunque ya sabía la respuesta.

—Me mostraste lo que necesitaba ver —dijo con una sonrisa.

Justo en ese momento, papá entró desde el campo de árboles. Se detuvo al ver a mamá arreglada y lista para salir.

—¿Vas a ir? —preguntó.

Mamá asintió.

Papá sonrió y se acercó a ella, abrazándola.

—Debo confesarte algo —dijo, con un tono suave mientras la abrazaba—. Fui yo quien envió la solicitud al grupo de inversores.

Mamá se separó un poco y lo miró sorprendida.

—¿Tú lo hiciste?

Él asintió.

—Fue hace unos meses. No sabía cómo se desarrollarían las cosas, pero sabía que, si lo necesitábamos, tú lo harías.

Los ojos de mamá se llenaron de lágrimas, pero eran lágrimas de felicidad.

—Soy tan afortunada de tener una familia que cree en mí.

—Mamá —dije antes de que saliera de la cocina—, no tengas miedo de cometer errores.

Esa noche, mamá llegó a casa con el rostro radiante.

—¿Adivinen qué? —dijo, prácticamente saltando de emoción.

—¿Qué? —preguntamos papá y yo al unísono.

—¡Los inversores dijeron que sí!

Salté y la abracé, y papá nos envolvió con sus brazos a las dos.

—Elizabeth, lo que me dijiste justo antes de que me fuera… eso fue lo que compartí con los inversores. Les hablé de lo preocupada que había estado por hacer negocios de una manera tradicional y de cómo estaba ignorando algo mucho más importante: el impacto de un futuro sin los Esplendores de la Emperatriz. Gracias —dijo mamá, con una sonrisa cálida—. El propósito es más importante que las ganancias. Siempre lo he sabido, pero hoy lo sentí en mi corazón. Cuando les hablé de nuestros árboles, me sentí increíblemente orgullosa. Fue como cuando te veía brillar en tus recitales de baile cuando eras pequeña.

—Gracias, mamá —respondí, emocionada.

Más tarde, observé a papá afuera, en el campo, abrazando uno de los árboles. En ese momento, lo entendí: cuidar algo con tanto amor puede cambiarlo todo.

Capítulo siete

Un nuevo mundo

Maya se detuvo frente al tablero de anuncios de clubes el primer día de su primer año en la escuela secundaria. Acababa de mudarse a la ciudad, como tantas veces antes. Sus padres, ambos en el ejército, hacían que su familia se mudara cada pocos años, algo que había sido parte de su vida desde siempre. Pero Maya tenía un truco para adaptarse: cada vez que llegaba a una nueva escuela, se unía a un club para conocer gente y hacer amigos.

En su escuela anterior, había un club de robótica. Durante dos años, Maya había soñado con el momento de formar parte de él, pero sus planes se desmoronaron cuando su familia se mudó antes de que pudiera llegar a la secundaria. Ahora, mientras recorría con la mirada los anuncios, buscaba algo similar.

Club 4-H. Club de canto. Club de español. Club de ajedrez. Ningún rastro de un club de robótica.

Un sentimiento de decepción se apoderó de ella. Con un suspiro, Maya se dio la vuelta y se dirigió a su clase de segundo período, preguntándose si esta vez sería más difícil encontrar su lugar.

* * *

Maya no sabía por qué le fascinaban tanto los robots. O, bueno, la idea de los robots. No sabía mucho sobre ellos. Pero sí sabía que la mayoría no eran como los que aparecían en las películas, como R2-D2 y C-3PO. Los robots podían ser simples, como un dispositivo que hace que una cámara siga un objeto en movimiento. A menudo resolvían problemas sencillos para las personas. *Alguien creó eso*, pensaba Maya cada vez que veía un robot, por pequeño que fuera.

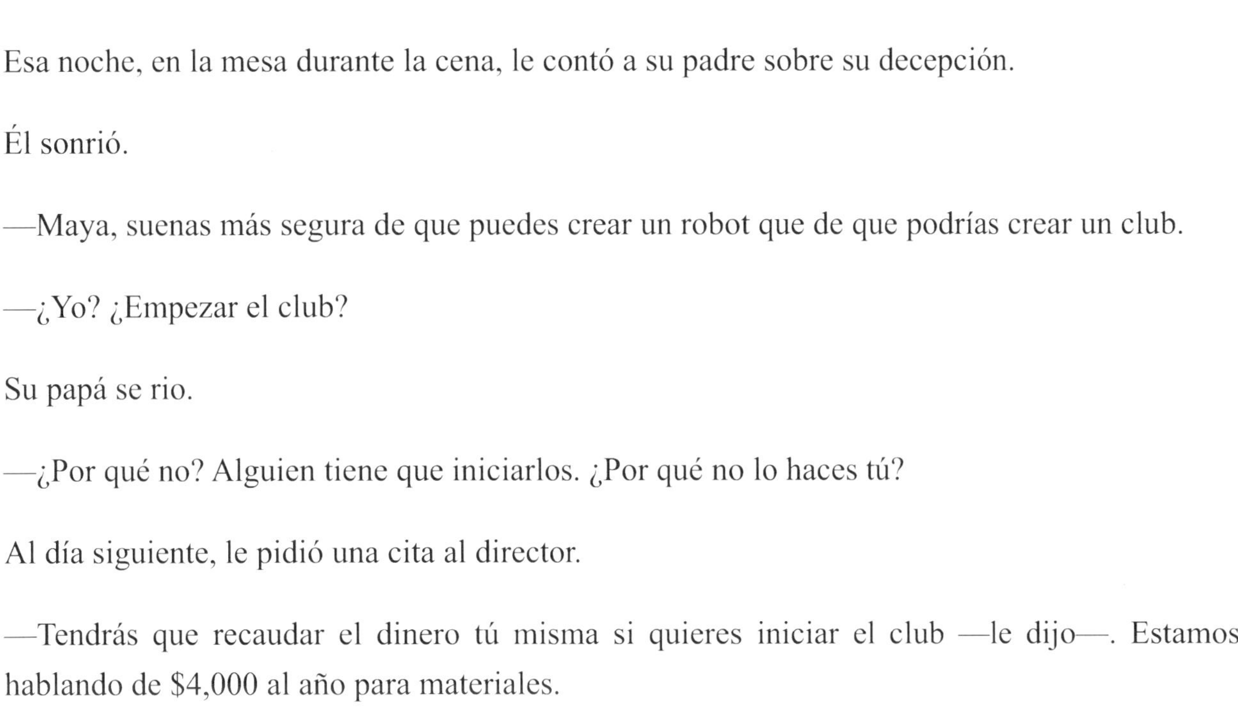

Esa noche, en la mesa durante la cena, le contó a su padre sobre su decepción.

Él sonrió.

—Maya, suenas más segura de que puedes crear un robot que de que podrías crear un club.

—¿Yo? ¿Empezar el club?

Su papá se rio.

—¿Por qué no? Alguien tiene que iniciarlos. ¿Por qué no lo haces tú?

Al día siguiente, le pidió una cita al director.

—Tendrás que recaudar el dinero tú misma si quieres iniciar el club —le dijo—. Estamos hablando de $4,000 al año para materiales.

Maya sabía que $4,000 era mucho dinero, pero estaba decidida a intentarlo. Su padre le sugirió que fuera de puerta en puerta en el vecindario para recaudar fondos.

Al día siguiente, Maya preparó una bolsa con volantes que hizo en la biblioteca de la escuela sobre el club de robótica, tomó un cuaderno para llevar el registro de las donaciones y salió a tocar puertas. Al principio, estaba optimista, sonriendo y explicando su idea a las personas que le abrían.

Algunas personas fueron amables, pero no le ofrecieron más que un «buena suerte». Otras ni siquiera se tomaron la molestia de responder. Un hombre mayor frunció el ceño y dijo:

—¿Robots? Debes tener cuidado con esas cosas. ¡Nos quitarán todos los trabajos!

Una mujer se rio.

—Ay, querida, a las niñas no les interesan los robots —dijo antes de cerrar la puerta.

Cuando el sol comenzó a ponerse, Maya estaba exhausta. Su ánimo estaba por los suelos, y solo había reunido $40. Miró hacia la calle. Quedaba una sola casa. Tal vez le darían los $3,960 que le faltaban.

La casa era pequeña, con hermosos rosales bordeando el camino hacia la puerta. Las luciérnagas danzaban en el crepúsculo mientras Maya se acercaba.

Tocó, y después de unos momentos, una mujer mayor de aspecto amable abrió la puerta.

—Hola, querida —dijo con una cálida sonrisa—. ¿En qué puedo ayudarte?

Maya se presentó y explicó su proyecto. La mujer, que se llamaba Anne, la escuchó con atención y, tras un momento, exclamó:

—¡Sid! ¡Ven aquí!

Un hombre apareció detrás de ella, ajustándose sus gafas de montura gruesa y enderezando el protector de su bolsillo. Su rostro se iluminó al escuchar sobre el club de robótica de Maya.

—¡Pues qué maravilla! —exclamó Sid con una sonrisa—. ¡Un club de robótica! Ojalá hubiera existido algo así cuando yo tenía tu edad.

Maya sonrió, agradecida por su entusiasmo.

—Una señora me dijo que los robots no son cosa de niñas.

Anne y Sid intercambiaron una mirada y luego dirigieron su atención de nuevo a Maya.

—No le hagas caso —dijo Anne con firmeza—. No hay absolutamente nada de malo en que a una niña le interesen los robots. Hace cuarenta años, también era poco común que una mujer fuera curadora de un museo, pero eso fue exactamente lo que hice hasta el año pasado, cuando me jubilé. Viajé por todo el mundo, conocí artistas increíbles y disfruté cada minuto de esa experiencia.

Maya se sintió mejor al escuchar eso.

—Bueno, un hombre unas casas más abajo me dijo que los robots nos quitarían todos los trabajos.

Sid se rio entre dientes.

—He escuchado eso antes, pero déjame decirte algo, Maya. Los robots no quitan trabajos, crean nuevos. Trabajé en robótica durante años, y mi empleo giraba completamente en torno a los robots. Pueden hacer cosas increíbles. Muchas veces hacen trabajos aburridos o peligrosos para las personas. ¿Sabes? Estoy seguro de que ese vecino que te dijo eso tiene un pequeño robot aspirador para el fondo de su piscina.

Los ojos de Maya se abrieron de par en par. No había pensado en los robots de esa manera.

Sid continuó:

—¡Tenemos robots en Marte! También son esenciales en lugares donde los humanos no pueden llegar, como las plantas nucleares. Pero te diré algo, Maya: al principio, todos parecen tener buenas intenciones. Sin embargo, cuando hay dinero de por medio, no tardan en aparecer personas con malas intenciones. Solo recuerda eso.

—Lo haré —dijo Maya, aunque no estaba muy segura de qué pensar al respecto.

Anne le sonrió cálidamente.

—Ojalá pudiéramos darte más —dijo. Puso unas galletas recién horneadas en una bolsa para Maya, y Sid le escribió un cheque por $50.

—Sid invierte hasta el último dólar en su negocio, ¿verdad, cariño?

Sid rodeó con el brazo la cintura de Anne.

—Siempre lo he hecho, y no veo por qué dejaría de hacerlo ahora. Aquí tengo todo lo que podría desear.

Le dio un beso en la mejilla a Anne.

Maya sintió un leve matiz de tristeza en la voz de Sid, pero no sabía por qué.

Seis meses después

Las semanas posteriores a su primer día de recaudación de fondos fueron complicadas. Maya organizó un lavado de autos, un puesto de limonada e incluso una venta de pasteles, pero apenas logró reunir $800. Ahora, seis meses después, comenzaba a perder la esperanza.

Una tarde, apareció un nuevo correo en su bandeja de entrada. El asunto decía: ***De Anne y Sid.***

Curiosa, Maya abrió el correo. Era de la amable mujer de los rosales.

Querida Maya:

Espero que este mensaje te encuentre bien. Te escribo con una noticia triste. Mi esposo, Sid, falleció recientemente. Estaba tan orgulloso de ti por iniciar tu club de robótica, y aunque llevábamos una vida modesta, Sid tenía varias patentes importantes y era un inventor muy *reconocido. Antes de fallecer, me pidió que usara parte del dinero del seguro de vida que recibiría para financiar completamente tu club de robótica durante toda tu carrera en la escuela secundaria. Donaré $16,000 en su honor. Creemos en ti y sabemos que harás que Sid se sienta orgulloso.*

El corazón de Maya latía con fuerza mientras releía el correo una y otra vez, con los ojos llenos de lágrimas.

* * *

Dos semanas después, Maya estaba sentada en el nuevo salón de robótica, con el logotipo del «Club de Robótica Sid **Hattox**» exhibido con orgullo en la pared. Había enviado a Anne una tarjeta de agradecimiento y una promesa de honrar la memoria de Sid a través del club.

Dos chicos, Paul y Billy, fueron los primeros en unirse. Ambos eran introvertidos y callados, muy parecidos a Maya, pero compartían una pasión por construir cosas.

—¿Así que recaudaste $16,000 tú sola? —preguntó Paul un día, mirando el recién equipado salón—. ¿Cómo lograste eso?

Maya asintió.

—Fue muy difícil. Escuché «no» más veces de las que puedo recordar. Pero seguí adelante porque creía en la idea. Y, al final, encontré a alguien que también creyó en mí. Fue como un milagro.

Mientras trabajaban juntos, Maya no podía dejar de pensar en Sid y Anne. Era como si ellos hubieran percibido algo especial en ella o en el club, algo que ella misma todavía no terminaba de entender por completo.

Capítulo ocho

El regalo: Parte I

Quinten se ajustó incómodo la molesta corbata que llevaba al cuello mientras entraba al auditorio Hattox del Museo de Tecnología e Innovación en Boston junto a sus padres. Estaban allí para asistir a la celebración de la vida de Sid Hattox, su vecino de al lado en el pequeño pueblo del centro de Massachusetts donde vivían. Sid había sido un inventor reconocido a nivel mundial, pero para Quinten era, ante todo, el amable hombre que lo saludaba cada mañana cuando salía hacia la escuela, deseándole un buen día mientras regaba los rosales de su esposa.

La celebración era un evento extremadamente elegante. Todos llevaban trajes y vestidos formales. Una fuente de chocolate decoraba la sala, mientras camareros circulaban con bandejas de aperitivos cuidadosamente presentados.

Esto no parece del estilo de Sid, pensó Quinten.

—A Sid le habría disgustado esto —dijo una voz suave detrás de él.

Quinten se giró y vio a Anne, la viuda de Sid, vestida con un largo vestido negro. Su cabello plateado estaba recogido en un elegante moño.

—Pedí específicamente que esto fuera un evento casual, no de etiqueta. Pero querían hacerlo especial —dijo con una triste sonrisa.

Quinten asintió, sintiéndose un poco más cómodo. Anne, que había sido su niñera cuando era más pequeño, ahora se sentía más como una amiga. Ella y Sid no tuvieron hijos propios, pero siempre lo trataron como si fuera parte de su familia. Todos los días después de la escuela, Anne lo invitaba a su casa para tomar limonada y disfrutar de un refrigerio. A veces, incluso lo ayudaba con sus tareas escolares, algo que parecía disfrutar tanto como él. A cambio, Quinten le echaba una mano en el jardín, una actividad que ambos compartían con alegría.

Quinten no había pasado tanto tiempo con Sid como con Anne. Recordaba al hombre algo peculiar pero amable, con gafas de montura gruesa, que a menudo manchaba sus camisas al intentar guardar un bolígrafo en el bolsillo de su pecho.

Quinten no sabía qué decir, así que simplemente abrazó a Anne.

—Sid te apreciaba mucho, Quinten —dijo Anne, dirigiéndole una cálida mirada—. Veía mucho de sí mismo en ti: siempre curioso, siempre dispuesto a ayudar a los demás.

Las mejillas de Quinten se sonrojaron. Esa no era necesariamente la forma en que él se veía a sí mismo. Se consideraba un perdedor. Pero no se lo dijo a Anne.

—A mí también me gustaba mucho él. Siento que el evento sea tan elegante. Pero te ves muy bien.

Anne tomó dos copas de jugo de uva espumoso de la bandeja de un camarero y le entregó una a Quinten.

—Por Sid —dijo, y chocaron sus copas.

La escuela era una forma diferente de soledad para Quinten. Caminaba por los pasillos con la cabeza gacha, intentando pasar desapercibido. Incluso ver al equipo de *lacrosse* charlando animadamente sobre sus prácticas mientras paseaban juntos por los pasillos era suficiente para recordarle que él solo era un *nerd* con asma.

Todo parecía recordarle sus inseguridades: que no era lo suficientemente atlético, ni lo suficientemente inteligente, ni lo suficientemente artístico. Aunque tenía interés en muchas cosas, ninguna de ellas parecía tener un lugar en la escuela. Miraba el reloj en la pared, observando cómo el tiempo avanzaba con desesperante lentitud, hasta que por fin sonaba la campana a las 3:15 y podía regresar a casa de Anne.

Anne lo esperaba en el porche, como siempre, con una jarra de limonada fresca y un plato de queso con galletas.

—Hola, Anne —saludó Quinten, sentándose en el columpio del porche cercano.

Anne tenía rastros de lágrimas secas en el rostro. Se limpió las mejillas con la manga antes de hablar.

—He llorado todos los días desde que Sid murió —confesó en voz baja. Luego, respiró hondo, aclaró su garganta y forzó una sonrisa—. ¿Qué tal la escuela?

—Bien —respondió él con un suspiro.

Anne asintió con una expresión comprensiva; estaba al tanto de las dificultades que Quinten tenía para hacer amigos.

—¿Sabes, Quinten? Sid siempre decía que deberías iniciar un club de robótica. Una chica un poco mayor que tú vino hace unas semanas tocando a la puerta para recaudar dinero porque quería empezar uno en la secundaria. Tal vez podrías hacer lo mismo en tu escuela, o, quién sabe, podrías unirte al club que ella ya comenzó. No falta mucho para que tú también estés en la secundaria.

Anne le dedicó una sonrisa alentadora mientras Quinten reflexionaba sobre la idea, sintiendo por primera vez en mucho tiempo una chispa de motivación.

Quinten hizo una mueca. No creía ser lo suficientemente inteligente para un club de robótica.

—Ni siquiera soy bueno en matemáticas.

—¿Estás seguro de eso? —preguntó Anne, levantando una ceja—. Sid solía decir que las matemáticas eran más que números; eran una extensión de nuestra imaginación. ¿Sabías que él también era terrible en álgebra? Tuvo que superar lo básico antes de que realmente empezara a gustarle.

Quinten se encogió de hombros.

—No lo sé. Parece… complicado.

Anne tomó un sorbo de su limonada.

—Muchas cosas en la vida son complicadas, Quinten. Como el matrimonio, construir una familia. Pero eso no significa que no valga la pena explorarlas.

Dos años después

Quinten estaba nervioso frente a la puerta del club de robótica de la escuela secundaria. Ahora tenía 14 años y estaba en su primer año. Apenas era la segunda semana de clases, pero todo era lo mismo: los mismos grupos que lo hacían sentir que no encajaba, la misma soledad. Pero esta vez, Quinten le había prometido a Anne que, en efecto, intentaría unirse al club de robótica.

Respiró profundamente y empujó la puerta. Adentro, un pequeño grupo de estudiantes estaba reunido alrededor de una mesa, inclinados sobre un proyecto. Miraron hacia él cuando entró, y por un momento, Quinten dudó. Pero entonces, una chica con gafas y una sonrisa amistosa se acercó a la puerta para recibirlo.

—Hola, soy Maya. ¿Vienes para el club de robótica?

—Eh, sí. Soy Quinten —respondió, un poco incómodo.

—¡Genial! Estamos trabajando en un nuevo diseño de herramienta para agarrar cosas. Ven a verlo —dijo Maya, guiándolo hacia la mesa.

Tan pronto como Quinten se inclinó para ver el robot, que tenía forma de mano humana, este se movió, cerrando sus cinco dedos articulados hacia el centro.

—¡Guau! —exclamó Quinten—. ¿Ustedes hicieron esto?

—Lo construimos el semestre pasado —dijo un chico—. Ahora lo estamos perfeccionando.

—Soy Quinten —dijo él.

Los demás miembros se presentaron como Paul y Billy, y Quinten se sorprendió de lo acog- edores que eran. Eran tranquilos, amables y reflexivos, muy parecidos a él. Mientras trabajaban juntos en el robot, Quinten descubrió lo mucho que disfrutaba observar el proceso, fascinado por la mecánica y la creatividad que requería.

Se dio cuenta de que estas eran personas que nunca había notado antes. No eran ruidosos ni llamativos como los chicos que solían dominar la escena social de la escuela. Eran más discretos, personas que preferían mantenerse al margen, ocupándose de sus propios proyectos en silencio.

Por primera vez en mucho tiempo, Quinten sintió que pertenecía a algún lugar.

Entonces pensó en Anne. ¡Anne! Miró el reloj y se dio cuenta de que había pasado más de una hora en el salón de robótica. Se despidió rápidamente de los demás y salió corriendo hacia su casa. No le había dicho a Anne que llegaría tarde, y probablemente él era la única persona con quien ella hablaba en todo el día. No quería hacerla esperar.

Anne estaba en la cocina, removiendo una olla de sopa.

—¡Anne! ¡Lo hice! —prácticamente gritó Quinten cuando entró por la puerta—. ¡Me uní al club de robótica!

Anne dejó la cuchara y se giró para mirarlo.

—Perdón por llegar tarde.

Se preguntó si ella estaría molesta, pero su rostro se iluminó con una gran sonrisa.

—¡Oh, eso es maravilloso! ¡Estoy tan orgullosa de ti!

Quinten sonrió de oreja a oreja.

—Y tenías razón. Es realmente genial. Creo que me va a gustar.

La sonrisa de Anne se volvió aún más radiante.

—Sid tenía razón.

Se acercó a un gabinete y sacó una pequeña caja de madera.

—Hay una razón por la que he insistido tanto en esto, además de pensar que Sid tenía razón y que te gustaría el club. Pero hay algo que he estado guardando para ti, Quinten —dijo, entregándole la caja—. Sid dejó esto para ti, pero me dijo que no podía dártelo hasta que te unieras al club de robótica.

Los ojos de Quinten se abrieron de par en par al tomar la caja. Era más pesada de lo que esperaba. Había una nota pegada en la tapa. Con la letra familiar de Sid, la nota decía:

«Solo para ojos jóvenes».

Capítulo nueve

El regalo: Parte II

Quinten estaba sentado en el laboratorio de robótica, rodeado por sus compañeros, que ahora se habían convertido en sus amigos más cercanos. Mientras debatían con entusiasmo qué crisis abordar para la competencia nacional, la sala se llenaba de ideas y una energía contagiosa.

—Fenómenos climáticos —sugirió Maya—. Miren los huracanes e incendios forestales últimamente. Podríamos construir algo que ayude a predecirlos o detenerlos.

—Yo estaba pensando en la salud —dijo Billy—. Tal vez un robot que pueda diagnosticar enfermedades con más precisión que los humanos.

—Esas son buenas ideas —añadió Paul—, pero ¿qué tal algo relacionado con la captura de carbono? Podríamos crear un robot que ayude a reducir los gases de efecto invernadero y combata el cambio climático.

Quinten escuchaba. Todas eran cuestiones importantes, sin duda. Pero ¿cómo se suponía que un grupo de estudiantes de secundaria crearía un dispositivo capaz de neutralizar un huracán o diagnosticar una enfermedad? Esas máquinas serían demasiado complejas.

Quinten tamborileaba con los dedos sobre la caja que Sid le había dejado mientras esperaba su turno para hablar. Aún no comprendía del todo su significado. La caja contenía recuerdos, cartas y un intrigante plano que parecía ocultar algo importante. Quinten estaba seguro de que, al presentarla al grupo, juntos podrían descifrar el misterio. Aunque, por ahora, ni siquiera sabía cuál era ese misterio.

—Todas estas son buenas ideas —dijo finalmente, rompiendo su silencio—. Pero tengo algo que mostrarles.

Quinten deslizó la caja hacia el centro de la mesa. Cuidadosamente, sacó el contenido: fotografías de Sid y Anne en su juventud, las cartas de amor, los diarios donde Sid había anotado sus pensamientos.

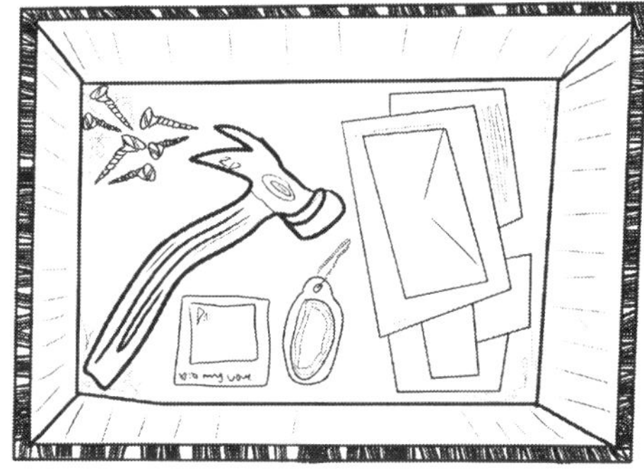

—¿Qué es esto, Quinten? —preguntó Maya.

—¿Es el álbum de recortes de tu abuela? —dijo Paul con curiosidad.

—Mi vecino Sid Hattox… —comenzó a decir Quinten, pero Billy lo interrumpió.

—¿El inventor Sid Hattox?

—Sí —respondió Quinten.

—¿El mismísimo Sid Hattox era tu vecino? —dijo Maya con asombro.

—Sí, justo al lado de mi casa —confirmó Quinten.

Maya se levantó de un salto y cruzó la habitación para mover una pizarra móvil a un lado. Detrás de ella, en la pared, estaba el logotipo del **Club de Robótica Sid Hattox**.

—¿Qué? —dijo Quinten, sorprendido.

—Sid financió este club por cuatro años, después de su muerte —explicó Maya.

—Anne me ha estado diciendo que me uniera al club de robótica desde que Sid murió —dijo Quinten—. Ella decía que Sid insistió en que lo hiciera. Me tomó dos años decidirme.

—Parece que Sid planeó todo esto —comentó Paul—. ¿Qué hay en la caja?

—Está llena de sus recuerdos: fotografías, cartas, diarios… y esto.

Quinten colocó el plano sobre la mesa, y los demás se inclinaron para observarlo.

—Era muy inteligente —continuó Quinten—, tan inteligente que algunas personas pensaban que estaba un poco loco. Anoche revisé la caja y me di cuenta de algo. Sid no era solo un inventor. Era un mentor para algunas de las mentes más brillantes de nuestra época.

Los ojos de Maya se abrieron de par en par.

—¿Como quién?

—Como Leonard Welles —dijo Quinten, refiriéndose al magnate tecnológico que revolucionó la energía limpia—. Y Elias Stone —añadió, el visionario detrás de algunos de los sistemas de inteligencia artificial más avanzados del mundo.

Paul silbó suavemente.

Quinten continuó:

—Pero hay algo que no entiendo: ¿por qué Sid me dejó esta caja a mí? Podría haberla dejado a personas como ellos, que son tan famosos. ¿Por qué eligió a mí?

La sala quedó en silencio mientras todos reflexionaban sobre la pregunta. Era una cuestión importante, y ninguno de ellos tenía una respuesta inmediata.

Billy deslizó el plano hacia él.

—Parece que es un plano para algún tipo de holograma —dijo.

—Tienes razón. Es una reconstrucción digital de la conciencia. Es un holograma generado por inteligencia artificial —dijo Maya.

—¿Esto acaso es posible? —preguntó Quinten, incrédulo.

Paul frunció el ceño mientras miraba el plano.

—No lo habría sido hace unos años. ¿Cuándo dijiste que murió?

—Hace dos años —respondió Quinten.

—Sí, está describiendo una tecnología que no existía cuando él murió. Sin embargo, Elias Stone ha hecho avances importantes en este campo recientemente. Parece que Sid sabía que esto ocurriría justo a tiempo para que tú abrieras la caja.

El equipo de robótica examinaba el plano, murmurando entre ellos.

Quinten se sentó a la mesa y miró algunas de las fotos de la caja.

—Esto es increíble —dijo Maya—, pero para ganar la competencia, nuestra creación tiene que resolver un problema. ¿Qué problema resuelve esto?

Quinten levantó la mirada de una foto de Anne y Sid en el día de su boda. Anne miraba a la cámara con una sonrisa de oreja a oreja, y Sid la miraba a ella.

—La soledad —dijo Quinten.

* * *

Esa misma tarde, Quinten se dirigió a la casa de Anne. La encontró en el jardín, observando a los pájaros y las ardillas. Estaba de espaldas a él y no se había percatado de su presencia. Quinten notó lo pequeña que se veía, lo solitaria que estaba. Por un momento, su mano subió hasta su rostro, y con un gesto lento, se secó los ojos.

Se acercó a ella.

—Anne —dijo suavemente, colocando una mano en su hombro.

Ella puso su mano sobre la de él, pero no dijo nada. Después de unos minutos, Quinten entró a la casa y sacó la jarra de limonada del refrigerador. Vertió un vaso y se lo entregó.

—Gracias, Quinten. Simplemente no tuve energía para hacerlo yo misma hoy.

Esa noche, Quinten habló con su mamá sobre Anne.

—Está muy sola —dijo—. No creo que esté bien.

Su mamá suspiró.

—Desafortunadamente, eso les pasa a muchas personas mayores. Me aseguraré de llamarla más seguido, y podemos invitarla a cenar.

Quinten asintió, pero algo en esa respuesta no le convenció del todo.

—Sí, deberíamos hacerlo. Pero no es suficiente.

Al día siguiente, Quinten se reunió con sus compañeros en el laboratorio de robótica. **La Operación Sid Digital** estaba oficialmente en marcha. Crearían un holograma de inteligencia artificial con todos los recuerdos y la personalidad de Sid; sería como tenerlo en la misma sala.

Billy se acarició la barbilla, pensativo.

—Necesitaremos cargar todos los diarios y cartas de Sid en una base de datos. Podemos crear un algoritmo que aprenda sus patrones de habla, sus recuerdos y sus opiniones a partir de esos datos.

—Genial, Billy. Tú encárgate de esa parte. Maya, ¿puedes trabajar en el holograma? —preguntó Quinten.

Maya asintió.

—Estuve despierta toda la noche leyendo sobre los últimos prototipos de Elias Stone. Podemos hacerlo funcionar.

Durante las siguientes semanas, el equipo trabajó incansablemente. Codificaron, probaron y volvieron a codificar, alimentando cada detalle de los recuerdos escritos y grabados de Sid en la IA que estaban construyendo, incluyendo pequeños detalles, como su hábito de mancharse la camisa al intentar guardar un bolígrafo en su bolsillo. Eso provenía de los propios recuerdos de Quinten. Poco a poco, la conciencia de Sid comenzó a tomar forma en el mundo digital. Incluso añadieron sus emblemáticas gafas de montura gruesa.

Finalmente, llegó el día de lanzar el holograma. Quinten contuvo la respiración mientras Billy activaba el programa. La sala se llenó de un suave resplandor, y ante sus ojos, apareció una figura: Sid Hattox, sonriendo cálidamente.

—Buenos días, Quinten —dijo el holograma, con una voz idéntica a la de Sid—. ¡Que tengas un gran día en la escuela! Oh, espera... —el holograma miró a su alrededor, observando su entorno—. Veo que ya estás en la escuela. Vaya, vaya, ¿por fin seguiste mi consejo de unirte al club de robótica?

Maya, Paul y Billy se quedaron boquiabiertos.

—Lo hice. Creo que fue una buena idea —dijo Quinten.

—Y justo a tiempo —dijo el holograma—. Por favor, llévame con mi Anne.

En la convención nacional de robótica, Quinten y su equipo estaban de pie en el escenario, con los nervios y la emoción entremezclándose. El auditorio estaba repleto; los jueces estaban sentados en la primera fila, esperando ver lo que estos jóvenes inventores habían creado.

—Nuestro proyecto se llama «SID IA, Diseño Interpersonal Simulado» —dijo Quinten, tratando de mantener su voz firme—. Queríamos abordar el problema de la soledad, particularmente entre las personas mayores. Por eso creamos un holograma de inteligencia artificial que puede devolver a la vida los recuerdos y la personalidad de una persona.

El público guardó silencio. Los jueces se inclinaron hacia adelante en sus asientos con anticipación.

—Déjennos mostrarles cómo funciona —dijo Maya mientras ponía un video en la pantalla detrás de ellos.

En el video, Anne estaba sentada en su sala, hablando con el holograma de Sid. Sonreía y se reía tan fuerte que tenía que secarse las lágrimas de las mejillas.

Anne miró a la cámara y dijo:

—Sid siempre me dijo que nunca me dejaría realmente, y no lo ha hecho. Él recuerda todo. Incluso me ha recordado algunas cosas que yo había olvidado. Ojalá cada viuda y viudo pudiera tener a su ser querido en casa, así como yo tengo a Sid.

El video terminó.

—El holograma es tan completo que pensamos que sería mejor que SID IA se explicara a sí mismo —dijo Billy.

El holograma de Sid apareció en el escenario.

—Sid, ¿podrías explicarnos exactamente cómo llegaste a existir? —preguntó Quinten al holograma.

SID IA no titubeó ni un segundo. Describió con asombroso detalle cómo había tenido la idea mientras vivía y cómo guardó los recuerdos y los planos para que su joven vecino completara el proyecto después de su muerte.

Quinten concluyó la presentación diciendo:

—Con tecnología como esta, podemos garantizar que nadie tenga que sentirse solo.

El equipo de robótica de Quinten ganó la competencia nacional. El premio fue un viaje de una semana a Silicon Valley para visitar el laboratorio de inventos de Elias Stone. Todo el equipo estaba emocionado.

Sin embargo, el mayor premio para Quinten fue ver la luz de una nueva vida reflejada en los ojos de Anne.

Conclusión

Siempre se necesita una comunidad, y estoy inmensamente agradecido por la mía. Hay dos agradecimientos principales que quiero dar por las ideas que tomé prestadas para este libro:

1. La idea para *Cazador de quién* proviene de *Who, Not How*, un libro de Dan Sullivan y el Dr. Benjamin Hardy. Dean Jackson acuñó primero el término. Es la idea innegablemente cierta de que no puedes hacer todo tú mismo. La clave del éxito a menudo radica en encontrar a la persona adecuada para realizar una tarea según sus propias habilidades únicas.

(Sullivan, Dan y Dr. Benjamin Hardy. *Who, Not How: The Formula to Achieve Bigger Goals Through Accelerating Teamwork*. Carlsbad, CA: Hay House, 2020).

2. El nombre de Elfish Town se explica más a fondo en la versión para adultos de *Once Upon a Time in Entrepreneurland.* Mi amigo, Joe Polish, tiene un acrónimo genial para un proyecto que definitivamente vale la pena hacer: ELF (*easy, lucrative, and fun*; fácil, lucrativo y divertido). El nombre de la ciudad, que cambió de *Selfish Town* a *Elfish Town*, es un homenaje al ELF de Joe.

(Polish, Joe. *What's in it for Them?: 9 Genius Networking Principles to Get What You Want by Helping Others Get What They Want*. Carlsbad, CA: Hay House Business, 2023).

¿Estás buscando convertirte en emprendedor? ¿Tienes más preguntas para el autor?

Conoce al verdadero Sid IA... pero yo todavía estoy vivo. Puedes preguntarme cualquier cosa, a cualquier hora del día o de la noche. Estaré más que feliz de responder.

Glosario de términos

1. **Emprendilandia**
   Un parque de atracciones ficticio y mágico donde los niños exploran su potencial emprendedor a través de diversos desafíos y aventuras.

2. **Gen emprendedor**
   Dentro de cada emprendedor hay una pequeña chispa mágica llamada el gen D2/D4. Este «gen mágico» ayuda a las personas a tomar riesgos, explorar nuevas ideas y mantenerse entusiasmadas con grandes metas. Es como tener una brújula especial que te guía para convertir sueños en aventuras reales, creando algo increíble a partir de una gran idea.

3. **Hora de los fideos**
   Un juego en Emprendilandia donde los participantes presentan ideas de inventos a una audiencia, arriesgándose a que les caigan fideos si su propuesta no tiene éxito.

4. **Sala del espejo mágico**

   Un lugar especial en Emprendilandia donde los individuos confrontan sus pasiones, fortalezas y potencial futuro a través de interacciones reflexivas.

5. **El salto al vacío**

   Una atracción emocionante en Emprendilandia que simula la experiencia emprendedora de asumir riesgos y lanzarse hacia lo desconocido.

6. **El pueblo egoísta**

   Una comunidad deteriorada y mal nombrada que luego se transforma en «Ciudad generosa», simbolizando el poder de la colaboración y la generosidad.

7. **Sin tensión**

   Un programa para estudiantes en detención que redirige sus energías hacia proyectos positivos, fomentando la creatividad y la resolución de problemas.

8. **SID IA** (*Diseño Interpersonal Simulado*)

   Un clon impulsado por inteligencia artificial que replica los recuerdos, experiencias y la personalidad de una persona, diseñado para abordar consultas basadas en memoria, conocimientos, resolución de problemas, asesoramiento para la toma de decisiones y más.

9. **Cazador de quién**

   Un videojuego ficticio en el que los jugadores construyen ciudades y gestionan desafíos asignando a las personas o animales adecuados a los roles correctos.

10. **Árbol Esplendor Emperatriz**

    Un árbol de rápido crecimiento y beneficioso para el medio ambiente, utilizado en agricultura y construcción, que simboliza el emprendimiento sostenible.

11. **Ciudad generosa**

    Una versión reimaginada de «Pueblo Egoísta» que resalta la transformación de una comunidad mediante el esfuerzo colectivo y el optimismo.

12. **Montaña rusa emprendedora**

    Una metáfora que describe los altibajos y la imprevisibilidad del viaje emprendedor, comparándolo con las curvas y giros de una montaña rusa.

13. **Instant IP™**

    Un sistema de certificación de propiedad intelectual patentado que utiliza tecnología *blockchain* para sellar ideas con una marca de tiempo y garantizar su seguridad.

Recursos de organizaciones y asociaciones

Programas generales de emprendimiento

- **Junior Achievement (JA)**
    - Enfoque: Emprendimiento, educación financiera y preparación profesional.
    - Programas: Ofrece programas específicos por edades como *JA BizTown*, donde los niños exploran cómo administrar negocios y aprender habilidades financieras.
    - Página web: www.ja.org

- **Young Entrepreneurs Academy (YEA!)**
    - Enfoque: Guiar a niños y adolescentes en la creación de negocios reales.
    - Programas: Enseña a los estudiantes a idear, crear planes de negocio y presentar ideas a inversores.
    - Página web: www.yeausa.org

- **Lemonade Day**
  - Enfoque: Enseñar a los niños cómo iniciar y dirigir un pequeño negocio (un puesto de limonada).
  - Programas: Aprendizaje interactivo que incluye fijación de metas, presupuestos y atención al cliente.
  - Página web: www.lemonadeday.org

- **BizWorld**
  - Enfoque: Programas prácticos que enseñan emprendimiento y educación financiera a través de proyectos en equipo.
  - Programas: Actividades como crear y vender un producto.
  - Página web: www.bizworld.org

- **Network for Teaching Entrepreneurship (NFTE)**
  - Enfoque: Educación emprendedora para jóvenes.
  - Programas: Ofrece cursos y competencias adaptados para audiencias jóvenes.
  - Página web: www.nfte.com

Programas de Emprendimiento con Enfoque en STEM

- **FIRST LEGO League**
  - Enfoque: Combina habilidades STEM y empresariales a través de proyectos de robótica e innovación.
  - Programas: Alienta a los estudiantes a desarrollar soluciones a problemas reales y presentar ideas de negocio.
  - Página web: www.firstinspires.org

- **National STEM Honor Society (NSTEM)**
  - Enfoque: Aprendizaje STEM con un enfoque emprendedor.
  - Programas: Promueve la innovación y la resolución de problemas con aplicaciones potenciales en negocios.
  - Página web: www.nstem.org

Programas para niñas

- **Girl Scouts Entrepreneur Programs**
  - Enfoque: Emprendimiento, educación financiera y liderazgo para niñas.
  - Programas: El programa de ventas de galletas enseña conceptos básicos de negocio como *marketing*, presupuestos y establecimiento de metas.
  - Página web: www.girlscouts.org

Programas para niños

- **Boy Scouts of America (BSA)**
  - Edades: Para niños de 5 a 11 años. Pueden explorar la insignia de mérito en emprendimiento al pasar a Scouts BSA.
  - Página web: www.scouting.org

- **Boys to Men Mentoring Network**
  - Adecuado para: Generalmente para niños de 11 años en adelante.
  - Razón: Ideal para preadolescentes en transición a la escuela secundaria.
  - Página web: boystomen.org

- **100 Black Men of America – YEP**
  - Adecuado para: A partir de los 8 años, con mentorías adaptadas para niños más pequeños.
  - Página web: 100blackmen.org

Competencias y redes

- **Future Business Leaders of America – Middle Level (FBLA)**
  - Enfoque: Negocios y liderazgo para estudiantes de secundaria.
  - Programas: Ofrece desafíos relacionados con negocios, talleres para desarrollar habilidades y oportunidades de *networking*.
  - Página web: www.fbla-pbl.org

- **Programas de emprendimiento de 4-H**
  - Enfoque: Desarrollo juvenil en liderazgo y emprendimiento.
  - Programas: Enseña a los estudiantes a iniciar pequeños negocios como parte de sus proyectos 4-H.
  - Página web: www.4-h.org

- **Kids Invent!**
  - Enfoque: Fomentar la innovación y mentalidad emprendedora en niños.
  - Programas: Combina creatividad, invención y habilidades empresariales a través de proyectos prácticos.
  - Página web: kidsinventstuff.com

Programas locales y comunitarios

- **Programas Juveniles de las Cámaras de Comercio**
  - Muchas cámaras locales ofrecen programas de emprendimiento juvenil o competiciones de presentación de ideas para jóvenes.
- **Bibliotecas Públicas y Espacios de Creación (*Makerspaces*)**
  - Las bibliotecas locales suelen organizar talleres de emprendimiento e innovación para jóvenes. Estas organizaciones y programas brindan excelentes oportunidades para que niños de 8 a 12 años exploren el emprendimiento, aprendan habilidades prácticas y desarrollen una mentalidad empresarial.

La mayoría de los programas en la lista están diseñados específicamente para niños de entre 8 y 12 años o cuentan con actividades adecuadas para esa edad dentro de su oferta general. Para los niños en el rango inferior (8–9 años), programas como **Lemonade Day**, **Junior Achievement** y **BizWorld** son excelentes opciones. Para los niños mayores (10–12 años), programas como **FIRST LEGO League**, **4-H** y **FBLA – Middle Level** funcionan muy bien. Siempre es recomendable consultar con la organización para verificar los requisitos específicos de edad y las actividades adaptadas que ofrecen.

Made in the USA
Middletown, DE
31 January 2025

70072109R00086